日本の偉人物語 3

伊能忠敬
西郷隆盛
小村壽太郎

岡田幹彦

光明思想社

はじめに

『日本の偉人物語3』――伊能忠敬《いのうただたか》、西郷隆盛《さいごうたかもり》、小村壽太郎《こむらじゅたろう》もまたわが国史《こくし》に不滅の名を刻《きざ》む偉人である。

今年は明治維新《めいじいしん》百五十年である。明治維新に始まる近代日本の歴史が世界史の中でいかに重大な意義を持っているか、まだまだ多くの日本人は気づいていない。その大きな理由は、大東亜戦争《だいとうあせんそう》に敗れてアメリカの占領統治《せんりょうとうち》を受けて以来、学校における歴史教育が大きく歪《ゆが》められ、世界で最も立派な伝統を持つ日本の歴史と偉大な先人《せんじん》に対する日本人の誇りをよびさます教育が、長らく行なわれてこなかったからである。

非西洋唯一《ゆいいつ》の例外・近代世界史の奇蹟《きせき》である明治維新を成就《じょうじゅ》する上に、最大の貢献《こうけん》をした人物が西郷隆盛である。内村鑑三《うちむらかんぞう》が『代表的日本人』でのべたように、西郷なくして明治維新は決してあり得なかった。しかし中学や高校の歴史教科書では、西郷の評価は低い。西南戦争《せいなんせんそう》で反乱を起《おこ》した不平士族の親玉扱《おやだまあつか》いである。しかし「西郷さん」と呼ばれるように、西郷ほど多くの日本人から敬愛されてきた偉人はいない。私は西郷隆盛《さいごうたかもり》こそ最上の日本人として日本民族の誇りであり、世界に比類《ひるい》なき古今不世出《ここんふせいしゅつ》の代表的日本人と信じている。後世《こうせい》の日本人の魂を打ち続けてやまぬ底知れぬ魅力を持つ西郷を、少年少女に知ってもらいたいと願い心血《しんけつ》を注《そそ》いだ。

小村壽太郎《こむらじゅたろう》もまたこれまで歴史教育で全く無視され、その名すら知らぬ人も多い。しかし欧米が支配する近代の世界史を根本から転換《てんかん》した日露戦争《にちろせんそう》の勝利をもたらす上で、小村の果《はた》した役割は国民的英雄として仰《あお》がれた乃木希典《のぎまれすけ》・東郷平八郎《とうごうへいはちろう》と比べて少しも劣らなかった。わが国は強大国《きょうたいこく》ロシアに戦争で打ち勝ち、そして外交においても勝利した。それはひとえに名外相《めいがいしょう》小村が存在したからである。小村は近代日本随一《ずいいち》の外交家《がいこうか》であり、明治後半期最高の政治家であった。

日本列島を測量《そくりょう》して極《きわ》めて正確な日本地図を作り上げた伊能忠敬《いのうただたか》の名を知らぬ人はほとんどいない。しかし忠敬が「人生五十年」といわれた江戸時代、五十五歳から七十一歳までの十六年間、地球一周分（四万キロ）を歩き通し努力の限りを尽《つく》して艱難辛苦《かんなんしんく》の末、この前人未踏《ぜんじんみとう》の大事業を達成したことはよく知られていない。忠敬もまた世界的偉人の一人である。今年は没後《ぼつご》二百年、五十歳から第二の人生に出発した忠敬は、いま「中高年の星」として再評価されている。

これら三偉人の人生はいずれも言葉に尽《つく》しがたい艱難《かんなん》・辛苦《しんく》・試練《しれん》に満ちている。だが三人は艱苦《かんく》に決して挫《くじ》けず、不撓不屈《ふとうふくつ》の努力と忍耐、修養と反省を積み重ね自己を練磨《れんま》し鍛《きた》え上げた。そうして「まこと」の心を最も大切にして生涯を貫《つらぬ》いた。この三偉人から学ぶことは甚《はなは》だ多い。

本書の出版に当りお世話頂いた光明思想社社長白水春人氏並びに中村龍雄氏に篤《あつ》く感謝申し上げる。

平成三十年九月

岡田幹彦

日本の偉人物語　3

伊能忠敬　西郷隆盛　小村壽太郎

目次

第二話　西郷隆盛《さいごうたかもり》——古今不世出《ここんふせいしゅつ》の代表的日本人

第三話　小村壽太郎《こむらじゅたろう》——近代随一《ずいいち》の政治家・外交家《がいこうか》

※カバー写真提供　千葉県香取市・伊能忠敬記念館　山形県・致道博物館　宮崎県日南市

第一話

伊能忠敬

――前人未踏《ぜんじんみとう》の日本地図作成

伊能忠敬

延享２年(1745)～文政１年(1818)　現在の千葉県九十九里町に生まれる。江戸時代の商人・測量家。16 年かけて全国を測量し、大日本沿海輿地全図を完成させた。はじめて日本国土の正確な姿を明らかにした。

(肖像画・千葉県香取市　伊能忠敬記念館所蔵)

1、商人としての前半生《ぜんはんせい》

熱烈《ねつれつ》な好学心《こうがくしん》と父《ちち》・伯父《おじ》たちの感化《かんか》

日本地図を作った伊能忠敬《いのうただたか》の名を知らぬ人はほとんどいない。しかし忠敬がいかに大変な苦労を重ねてこれを成《な》し遂げたかはよく知られていない。忠敬もまたわが国が誇る世界的偉人の一人であった。「人生五十年」といわれた江戸時代、五十歳から第二の人生に出発、五十五歳から七十一歳まで十六年間、全国を歩いて精密《せいみつ》な日本地図を作り上げたが、それはまことに驚嘆《きょうたん》すべき前人未踏《ぜんじんみとう》の一大事業であった。今日の感覚《かんかく》でいうと七十代から九十代にかけて約地球一周分の距離（四万キロ）を一歩一歩あるき続けて測量《そくりょう》し、心血《しんけつ》を注《そそ》いで現在の日本地図と比べてほとんど変らない正確な地図を作ったのである。忠敬《ただたか》はどうしてこのような困難に満ちた仕事に挑戦《ちょうせん》したのであろうか。普通ならば心安らかな隠居《いんきょ》生活を送り、孫の成長を楽しみにするところである。老年の忠敬を衝《つ》き動かし駆《か》り立てたものは一体何《いったいなん》だったのだろうか。今年は没後《ぼつご》二百年、忠敬は輝ける「中高年の星」として改めて注目され再評価を受けているが、このような偉人はいかにして生まれたのであろうか。

伊能忠敬《いのうただたか》は延享《えんきょう》二年（一七四五）一月十一日、上総国《かずさのくに》山辺郡《やまのべぐん》小関村《こせきむら》（現千葉県山武《さんぶ》郡九十九里町小関《ぐんくじゅうくりまちこせき》）の名主小関貞恒《なぬしこせきさだつね》の次男として生まれた。ところが六歳の時母が亡くなり、婿養子《むこようし》であった父は離縁《りえん》となり、父の実家神保家《じっかじんぼけ》に戻《もど》った。忠敬は幼少のためしばらく小関家で養育《よういく》されたが、十歳の時に神保家に帰された。以後十七歳までここで成長した。

　神保家は中世以来の武士出身の農家で代々、小堤《おんづみ》村の名主をつとめた。伯父《おじ》（父の兄）神保梅石《じんぼばいせき》は人物すぐれ学問文芸に明るく俳句の師匠《ししょう》でもあった。父の貞《さだ》恒《つね》もまた教養ある俳人《はいじん》であった。忠敬はこの父と伯父から七年間儒教《じゅきょう》、漢学《かんがく》を中心とする学問を授かった。忠敬を教えたもう一人が南中村の名主で親戚《しんせき》でもあった平山季忠《ひらやますえただ》である。平山は幕府の昌平坂《しょうへいざか》学問所で学んだ秀才で神保梅石と深《しん》交《こう》を保ち、忠敬の人柄、才能を深く愛して大きな感化《かんか》を与えた。伊能家の婿養子《むこようし》に推薦《すいせん》したのはこの人物である。このほか九十九里浜屈指《くっし》の網元《あみもと》、飯岡尚寛《いいおかなおひろ》は少し年上だったが兄弟のように親しく交《まじわ》り色々教えを受けた。

　少年時母を失い小関家から離縁《りえん》されるという苦労《くろう》を味わったが、忠敬は父、伯父、平山や飯岡というすぐれた人物に恵まれ、当時の農民の子としてほとんど理想的な環境《かんきょう》の下《もと》で学問と修養《しゅうよう》に励むことが出来たのは幸運であった。

　忠敬の人柄、性格をのべよう。何より誠実《せいじつ》で正直《しょうじき》であり謙虚《けんきょ》で慎《つつし》み深《ぶか》かった。人々への思いやり、慈悲《じひ》の心が厚かった。意志は極めて強く勇敢《ゆうかん》であった。物事をやり遂げる根気《こんき》は人一倍強く不撓不屈《ふとうふくつ》の努力家であった。時《とき》として普通の人の思いもよらぬ奇抜《きばつ》な行動に出た。神仏《しんぶつ》への信仰は厚く、伊勢神宮《いせじんぐう》には度々参詣《たびたびさんけい》している。地図作りで全国を歩いた時、必ず各地の社寺《しゃじ》に参り、任務《にんむ》の成就《じょうじゅ》を祈願《きがん》している。向学心《こうがくしん》、向上心《こうじょうしん》が高く、知的好奇心《ちてきこうきしん》の固《かた》まりであった。ことに年少時より数学・和算《わさん》に関心を持ち、やがて暦学《れきがく》（日月・諸星の運行《うんこう》を観測《かんそく》して暦《こよみ》を作る学問。蘭学《らんがく》が入ってきてから、西洋の天文学《てんもんがく》・暦学が盛んになる）に興味を抱《いだ》いた。文科、理科双方の学問への関心が高い並《なみ》はずれた素質、才能をもつ少年であった。それゆえ伯父《おじ》や平山、飯岡に親愛され、将来を期待されたのであった。もし伊能家《いのうけ》の養子にならなかったなら、学問の道にまっしぐらに進んでいたであろう。

忠敬《ただたか》を育てた背景――両総《りょうそう》（上総《かずさ》・下総《しもうさ》）の黒潮文化《くろしおぶんか》と好学的風土《こうがくてきふうど》

この地に伊能忠敬《いのうただたか》のような偉人が生まれたのは決して偶然《ぐうぜん》ではなかった。ここには「黒潮文化」とよばれる伝統があった。九十九里浜《くじゅうくりはま》の沖合《おきあい》は日本有数の漁《ぎょ》場《じょう》だが、ここでは十六世紀以来、全国一の地曳網漁業《じびきあみぎょぎょう》が発展した。ことに大量にとれる鰯《いわし》は「干鰯《ほしか》」にされそれは最良の肥料《ひりょう》として、利根川から川船《かわぶね》で関宿《せきやど》までさかのぼりそこで江戸川を下《くだ》り江戸に積み出され、ここから全国に運送された。

　その結果、九十九里浜近辺《くじゅうくりはまきんぺん》の網元《あみもと》・名主《なぬし》、佐原《さわら》の商人達は大きな富を蓄《たくわ》え、学問文芸《ぶんげい》に打ちこむ人々が出てきた。元々名主・網元らは旧武士であり学問の素養《そよう》があった。江戸期後半、学問文化が発達するにつれ、それは地方にも及ぶ。裕福《ゆうふく》な網元や名主は江戸の文化人の来遊《らいゆう》を歓迎《かんげい》して自宅に何ヵ月もとどめてご馳走《ちそう》し、授業料を払って学問・和歌・俳句・書道・絵画などを学ぶことを楽しみとした。ここから両総《りょうそう》地域に多くの学者・文化人・教養人が生まれた。また江戸期、両総の農村部に和算《わさん》が流行、算盤塾《そろばんじゅく》が広がり、すぐれた和算家《わさんか》が出た。こうした「黒潮文化」を担《にな》ったのが、網元・商家などを営む旧家《きゅうか》の名主たちで、その代表的なのが小関《こせき》家・神保家《じんぼけ》・平山家《ひらやまけ》・伊能家《いのうけ》などであった。

忠敬《ただたか》のまわりはこのような学問と文化の薫《かお》りが満ちていたのである。学者としては忠敬の親族伊能茂左衛門《いのうしげざえもんけ》家出身の揖取魚彦《かとりなひこ》（賀茂真淵《かものまぶち》の門下四天王《もんかしてんのう》の一人）と久保木清淵《くぼきせいえん》（津宮村名主《つみやむらなぬし》で漢学者《かんがくしゃ》、忠敬の親友）がいる。また妻・達《みち》の祖父伊能景利《いのうかげとし》は隠居後、佐原村《さわらむら》の過去百五十年の古記録を調べ上げて膨大《ぼうだい》な史料を編纂《へんさん》した恐るべき「記録魔《きろくま》」であった。

忠敬はこのような両総地方《りょうそうちほう》の黒潮文化《くろしおぶんか》の土壌《どじょう》を背負《せお》って生まれ育ち、幾多《いくた》のすぐれた人々から人格的学問的感化《かんか》を深く受けつつ、熱烈《ねつれつ》な向学心《こうがくしん》・求道心《ぐどうしん》をもって真剣に学び続けた。忠敬の晩年《ばんねん》の大飛躍《だいひやく》は、このような基礎《きそ》があって可能であった。忠敬という偉人はこうした土地柄《とちがら》と時代的背景のもとに出現したのである。

商人としての三十余年の尽力《じんりょく》——艱難《かんなん》・試練《しれん》と人間的成長

人生は自分の意志を超えて思わぬ展開《てんかい》を見せる。忠敬は平山季忠《ひらやますえただ》の強いすすめにより、佐原《さわら》の豪商《ごうしょう》伊能家《いのうけ》の婿養子《むこようし》になるのである。

佐原は利根川《とねがわ》沿いの河岸都市《かがんとし》として発達、この時代、人口五千を超える関東有《ゆう》数《すう》の大村《たいそん》で小江戸《こえど》と呼ばれた。農業・酒造業《しゅぞうぎょう》・醤油《しょうゆ》業並びに利根川《とねがわ》を利用する水運《すいうん》業が大きく発展し繁栄していた。その佐原を代表する豪商が伊能家で、永沢《ながさわ》家とともに「両家《りょうけ》」とよばれた。伊能家は九世紀以来の佐原きっての旧家《きゅうか》で、酒造業を主として米穀《べいこく》業、水運業、金融《きんゆう》業などを営《いとな》み、代々《だいだい》佐原村の名主《なぬし》をつとめ、村人から深く尊敬されてきた。

忠敬は十七歳の時、伊能家の娘・達《みち》（二十一歳）と結婚した。達《みち》は若くして婿《むこ》を迎えていたがその婿がまもなく病死した為、忠敬が選ばれたのである。日頃から指導を受け敬愛してやまぬ平山のすすめに従ったのは、ごく自然のなりゆきである。

以後三十二年間、忠敬は伊能家の当主《とうしゅ》として尽力《じんりょく》した。伊能家は達《みち》の父も若《わか》死《じに》しており、二代にわたり当主の早死《はやじに》が続き不幸が重なり家運《かうん》が傾《かたむ》いていた。そこに十七歳という年少の身《み》で婿入《むこい》りしたのだから、忠敬の努力と苦労は並々ならぬものがあった。伊能家《いのうけ》は商業と農業を兼《か》ね、田畑《たはた》・山林《さんりん》を約十町《ちょう》ももつ佐原《さわら》一、二の地主《じぬし》でもあった。酒造りなどの使用人は五十人前後もいた。

全く未経験の酒造り・米穀業《べいこくぎょう》・水運業・金融業などにつき、伊能家《いのうけ》の親戚《しんせき》の商人の指導と助言《じょげん》を受けながら一から学んだ。始めの数年間、種々《しゅじゅ》の仕事と経営について知り尽《つく》し、数多い使用人を手足のように指揮《しき》し使いこなすことに、どれほど苦心《くしん》したことであろうか。使用人はみな年上だから、そこには言い知れぬ気《き》苦労《ぐろう》が多かったのである。よそからやってきた年少の婿養子《むこようし》として陰《かげ》で馬鹿にする者もいたであろう。

しかし忠敬《ただたか》は持前《もちまえ》の強い意志と不撓不屈《ふとうふくつ》の努力を傾けて一人前の商人となっていった。学問好きで商売の道とは無縁《むえん》と思われたが、意外《いがい》にも忠敬にはすぐれた商才《しょうさい》と豊かな経営《けいえい》の手腕《しゅわん》があった。忠敬はその才腕《さいわん》を十分に発揮《はっき》し、傾きかけた家運《かうん》を再び盛りかえし伊能家をこれまで以上に繁栄させることに成功するのである。伊能家の財産は三万両といわれた（現在に換算《かんさん》すると約九十億円）。忠敬は伊能家の人々、父・伯父《おじ》らの期待に見事《みごと》に応《こた》えた。忠敬を婿入《むこい》りさせた平山季忠《ひらやますえただ》の目に狂いはなかった。

三十歳前後には堂々たる商人となり、三十六歳の時には佐原村の名主《なぬし》の一人となり、三十九歳の時には名主の上に立つ佐原村第一の地位である「村方後見《むらかたこうけん》」に任命され、押《お》しも押されぬ佐原村の指導者として仰《あお》がれるようになった。

向学心《こうがくしん》に燃え学問探究《たんきゅう》が願望《がんぼう》であった忠敬にとり、十七歳からの商人への転向《てんこう》は全く予想外のことであった。しかし忠敬はこの運命に逆《さか》らわず、自分を温《あたた》かく見守り導いてくれた父、伯父、平山たちの深い愛情に感謝してその期待に決して背《そむ》くまいと長年月《ながねんげつ》、誠実に商人の道を歩み続けたのである。この佐原の商人としての三十余年間の数々の経験と試練《しれん》が、忠敬の人間的成長を促《うなが》したのであった。それは忠敬七十三年間の生涯《しょうがい》において決して無用《むよう》の道草《みちくさ》ではなかった。日本地図の作成という一大事業を達成《たっせい》する上《うえ》に、欠《か》くべからざる人生の一過程《かてい》であり、この佐原の商人時代がなければ、後年の大事業は決してあり得なかったのである。

窮民救済《きゅうみんきゅうさい》は「先祖の遺命《いめい》」――天明《てんめい》の大飢饉《だいききん》に餓死者《がししゃ》なし

忠敬《ただたか》は伊能家《いのうけ》を隆盛《りゅうせい》に導くのみならず、佐原村《さわらむら》と村民の為に大いに尽《つく》した。利根川《とねがわ》はしばしば洪水《こうずい》を起《おこ》した。天明《てんめい》三年(一七八三)の洪水の時、三十八歳の忠敬は先頭に立って堤防修築《ていぼうしゅうちく》に尽した。その際《さい》、洪水で荒れ果てた田畑《たはた》の境界《きょうかい》を定め元通りにするには、測量《そくりょう》と地図作成が欠かせない。測量術と地図作成は代々伊能家伝統《でんとう》の仕事であった。忠敬はこうして測量と地図作成に手を染《そ》めることになる。五十歳《さい》すぎてから日本地図作成の仕事に関《かか》わるとは当時思いもよらぬことであったが、期《き》せずして測量術と地図作成に関する知識と技術を十分身《み》につけるのである。なおこの時佐原村の領主《りょうしゅ》である幕府旗本津田氏《ばくふはたもとつだし》より名字帯刀《みょうじたいとう》を許され、その功績を高く認められて翌年、村方後見《むらかたこうけん》に任命《にんめい》された。

もう一つは、数年にわたった天明《てんめい》の大飢饉《だいききん》である。江戸時代最大の飢饉で東日本各地において餓死者《がししゃ》が続出《ぞくしゅつ》した。ことに天明六年(一七八六)は最大の凶作《きょうさく》であった。この時、津田氏《つだし》はその領民救済《りょうみんきゅうさい》に全く無力《むりょく》で何もできなかった。忠敬は永沢家《ながさわけ》とともに直《ただ》ちに飢饉に立ち向い、困窮者《こんきゅうしゃ》の救済に全力を尽した。食物に困る全ての人々にお米や金を施《ほどこ》した。このようなとき必ず米価《べいか》は高騰《こうとう》するが、忠敬は前年、関西方面から大量の米を買いつけ、それを佐原と近郷《きんごう》の村々へ安く売り米価が上《あが》るのを阻止《そし》した。こうした必死の努力の結果、佐原村からは一人の餓死者《がししゃ》も出さなかった。同時代の二宮尊徳《にのみやそんとく》と同様の立派な働きであった。

忠敬が窮民救済《きゅうみんきゅうさい》の為に尽したのは、村民のことを厚く思いやってやまない慈《じ》悲深《ひぶか》い人物であったからだが、もう一つはそれが伊能家代々の家訓《かくん》であり伝統であったからである。忠敬は窮民救済は「先祖《せんぞ》の遺命《いめい》（子孫に遺《のこ》した命令）」であり、後に「私は家業《かぎょう》を第一として伊能家先祖の格言《かくげん》（処世《しょせい》の訓戒《くんかい》となる短い金言《きんげん》）を守り、ついには先祖の遺命である窮民の救済まで行なうことができた」と語っている。忠敬は家業に精根《せいこん》をこめて打ちこみ巨富《きょふ》を築《きず》いたが、洪水《こうずい》や飢饉で村人が苦しむとき、惜《お》し気《げ》もなく蓄《たくわ》えた金銭《きんせん》・米穀《べいこく》を差し出し人々を救助《きゅうじょ》したのである。伊能家は永沢家《ながさわけ》とともに代々《だいだい》、世のため人のために尽《つく》すことを怠《おこた》らなかったから、

「両家《りょうけ》」と仰《あお》がれ人々の敬愛を受けたのである。このとき四十一歳である。

やまざる向学心《こうがくしん》・真理探究《たんきゅう》の心

忠敬《ただたか》は家業《かぎょう》に精励《せいれい》したが、学問への志《こころざし》を持ち続け、仕事を終えた夜おそく書《しょ》物《もつ》を開き、こつこつと勉学《べんがく》を絶《た》やさなかった。ことに熱心だったのは数学と暦《れき》学《がく》・天文学《てんもんがく》である。佐原《さわら》にある伊能忠敬《いのうただたか》記念館には、数学、暦学・天文学、測《そく》量《りょう》、地理、医学などの書物が千冊以上保存《ほぞん》されている。忠敬はこうのべている。「もっぱら暦算《れきさん》（暦学と数学）の書を読破《どくは》し、天地《てんち》の理《り》を究《きわ》めて以《もっ》て自《みずか》ら楽しまん」「天地の理」つまり天地自然の真理を深く知りたいという知的欲求《よっきゅう》を片時《かたとき》も忘れずに、佐原の三十二年間を送ったのである。妻の達《みち》とは円満な夫婦生活を送り三人の子供を授かった。達《みち》は四十二歳で亡《な》くなった。息子の景敬《かげたか》が立派に成長したので家業《かぎょう》を譲《ゆず》り、四十九歳の時隠居《いんきょ》し翌年江戸に出た。晩年《ばんねん》を暦学の研究に打込《うちこ》む決意をしたのである。隠居した前年、親しい友人らと伊勢神宮《いせじんぐう》に参拝《さんぱい》、そのあと奈良、吉野《よしの》、高野山《こうやさん》、京都、大坂、兵庫などを見て回った。
景敬《かげたか》に家を譲《ゆず》った時、次の家訓《かくん》を与えた。

第一、仮《かり》にも偽《いつわ》りをせず、孝弟忠信《こうていちゅうしん》にして正直《しょうじき》たるべきこと。
※孝弟（悌）＝親に真心を以《もっ》て孝を尽し、兄弟を敬愛すること。
※忠信＝忠義《ちゅうぎ》・忠誠《ちゅうせい》と信義《しんぎ》・真心《まごころ》。
（君に忠義、親に孝行を尽し、兄弟仲睦《なかむつ》まじく、正直に誠の心で生きなさい。）

第二、身《み》の上《うえ》の人は勿論《もちろん》、身《み》の下《した》の人にても教訓《きょうくん》異見《いけん》あらば、急度《きっと》相用《あいもち》い堅《かた》く守るべし。
※異見＝人と異なる考え、意見。急度＝必ず。
（自分より上の人はもちろん、部下や後輩《こうはい》であっても教訓、忠告《ちゅうこく》、諫言《かんげん》、もっともな意見をしてくれたならば、それを謙虚《けんきょ》に受けいれて実践《じっせん》しなさい。）

第三、篤敬謙譲《とっけいけんじょう》とて言語進退《げんごしんたい》を寛裕《かんゆう》に、諸《しょ》事《じ》謙《へりくだ》り敬《つつし》み、少しも人と争論《そうろん》など成すべからず。
※篤敬＝人情《にんじょう》に篤《あつ》く慎《つつし》み深いこと。篤実恭敬《とくじつきょうけい》。謙譲＝へりくだること。進退＝行動・行為。寛裕＝心が寛《ひろ》くゆるやかなこと。寛大。
（人々に対して思いやり深く、自らは慎み深くへりくだり、人と言い争いなどせぬこと。）

忠敬《ただたか》の人柄を示す家訓《かくん》である。忠敬はその名の示す通り、忠誠《ちゅうせい》の人であり敬《けい》（うやまうこと、つつしみ、謙虚、へりくだり）の人であり、温厚《おんこう》で柔和《にゅうわ》な人物であった。佐原《さわら》の三十余年間の修養《しゅうよう》と艱難試練《かんなんしれん》が忠敬という人物をこのように磨《みが》き上《あ》げたのである。

2、第二の人生——五十歳からの再出発

高橋至時《たかはしよしとき》に入門《にゅうもん》——暦学《れきがく》・天文学《てんもんがく》を学ぶ

五十歳の忠敬《ただたか》が江戸に出て居《きょ》を構《かま》えた時、高橋至時《たかはしよしとき》が幕府天文方《ばくふてんもんがた》（暦学・天文学を研究して新しい暦《こよみ》を作る役所）の責任者として大坂からやってきた。高橋は当時、西洋暦学・天文学の第一人者であった大坂の麻田剛立《あさだごうりゅう》の高弟《こうてい》である。幕府は従来《じゅうらい》の暦に欠陥《けっかん》があるため、西洋暦学による正確な暦作りを目指《めざ》し、麻田にそれをさせようとした。しかし麻田は高齢《こうれい》であったので代《かわ》りに、門下《もんか》第一の秀才である

高橋至時《たかはしよしとき》、同じく高弟で天体観測《てんたいかんそく》の名手《めいしゅ》・間重富《はざましげとみ》を副《そ》えてさし出した。

これを知って雀躍《こおど》りした忠敬《ただたか》は早速《さっそく》、高橋に入門《にゅうもん》した。高橋は三十一歳、麻田を除き当時最高の暦学《れきがく》・天文学《てんもんがく》の学者であった。忠敬は最良の師《し》に出会《であ》うことができたのである。自宅からごく近い天文方《てんもんがた》の役所に通い、高橋から暦学・天文学につき学ぶ悦《よろこ》びに浸《ひた》った忠敬は、五十歳という年齢を忘れて励みに励んだ。少年時夢見た学問と真理探究《たんきゅう》の日々《ひび》がいま現実となったのだ。老年《ろうねん》の身《み》であったから一日一刻《いっこく》を惜《お》しむようにして、高橋の講義《こうぎ》を全身全霊《ぜんしんぜんれい》を傾《かたむ》けて聴《き》き、高橋の指示《しじ》する書物《しょもつ》をむさぼるように読んだ。

高橋は始め老齢《ろうれい》の忠敬がこの西洋最新の学問に、果《はた》してついてゆけるだろうかと危《あや》ぶんだ。裕福《ゆうふく》な隠居《いんきょ》の道楽仕事《どうらくしごと》としては荷《に》が重すぎると思ったのは無理もなかった。しかしそれは杞憂《きゆう》だった。忠敬は数学の実力は十分あり、暦学・天文学についても佐原時代《さわらじだい》に独学《どくがく》に励み基礎《きそ》はしっかり出来《でき》ていた。それに誰よりも勤《きん》勉《べん》であった。遅《おく》れをとり戻《もど》すかのように高橋の若い弟子たちの二倍三倍の努力を少しも厭《いと》わなかった。忠敬の学問・真理探究への全く老いを忘れた燃えるような情熱に、十九歳年下の高橋は驚嘆《きょうたん》し圧倒《あっとう》される思いがした。

高橋はこのような忠敬を深く親愛、尊敬し特別扱いした。忠敬には質問があれば紙に書いて出すように言い、それに詳《くわ》しくていねいに文書《ぶんしょ》にして答えるのを常とした。

一方、忠敬は天体観測《てんたいかんそく》の実習《じっしゅう》に励んだ。講義を聴き書物を読み理論をよく知るとともに、暦学・天文学は天体観測が必須不可欠《ひっすふかけつ》である。忠敬は役所でそれを行うのみならず、自宅で毎日行なったのである。観測には種々《しゅじゅ》の器械《きかい》がいるが、最新の諸測器《しょそっき》(方位盤《ほういばん》・象限儀《しょうげんぎ》・子午線儀《しごせんぎ》・測蝕定分儀《そくしょくていぶんぎ》等)を購入《こうにゅう》し完備《かんび》した。忠敬が特別に作らせたものもある。天文方《てんもんがた》にある器械と同じかそれ以上のものをみな揃《そろ》えた。今の金額でいうと数千万円にもなったであろう。とても一般《いっぱん》の人が持てるものではない。伊能家《いのうけ》を繁栄《はんえい》させた忠敬には数億円の持参金《じさんきん》があったからできたのだ。佐原《さわら》の商人時代の努力は無駄《むだ》ではなくこうして生かされたのである。

天体観測にかけた努力と情熱も並はずれていた。役所にいても昼になるとすぐ自宅に戻り、晴天《せいてん》の日は必ず太陽の南中《なんちゅう》を観測した。夕方から夜は恒星《こうせい》の観測である。夕方近くになるとそわそわし始め、人と話していても途中でやめ、あたふたと自宅に急ぐ毎日だった。忘れ物や人の草履《ぞうり》をまちがってはいて行くのは日常茶飯事《じょうさはんじ》である。これほど天体観測《てんたいかんそく》に打ちこんだから、高橋は忠敬《ただたか》を「推歩先《すいほ》生」（推歩＝天体の運行《うんこう》を推測《すいそく》すること）と呼んだ。五十代の忠敬のこの猛烈《もうれつ》としか言《い》い様《よう》のない五年間の勉学は、他の人の十年、十五年分に相当《そうとう》したであろう。この五年間は忠敬にとり最高の師に恵まれた至福《しふく》の年月であったのである。

緯度《いど》一度の距離を求めて――蝦夷地測量《えぞちそくりょう》に立つ

暦学《れきがく》・天文学《てんもんがく》の代表的学者として高橋至時《たかはしよしとき》の年来《ねんらい》の課題《かだい》は、地球の大きさを知ることであった。それには緯度《いど》一度の距離を正確に知れば分るが、当時西洋においても不明《ふめい》であった。「天地の理」を究《きわ》めようとしていた忠敬も無論《むろん》それを知りたかった。

緯度《いど》の長さを測《はか》る方法はこうだ。まず南北のかなり距離のある二地点を測量《そくりょう》してその長さを測る。次にその二地点から恒星《こうせい》を観測して、その方位《ほうい》の角度《かくど》をはかる。そうすれば緯度一度の長さがわかる。南北の距離は長いほど精確《せいかく》な数値《すうち》が出る。

そこで忠敬は自宅から北方にあたる役所まで約二キロの距離を歩いて測り、恒星を観測して緯度一度の長さを測定《そくてい》、高橋に示した。高橋は驚いたが、そのような短い距離では誤差《ごさ》が大きいので、もっと長い距離、少なくても蝦夷地《えぞち》(北海道)ぐらいまでの距離を測らなければならないとさとすのである。だが蝦夷地までは多くの藩《はん》があるから、個人が勝手に測量などできない。

しかし好機《こうき》が到来《とうらい》した。幕府《ばくふ》において蝦夷地測量計画がもち上《あが》ったのである。それはかねてロシアが千島列島《ちしまれっとう》を侵略《しんりゃく》し、樺太《からふと》、北海道を狙《ねら》っていたからである。幕府は江戸時代の平和の中で国防《こくぼう》をおろそかにし、千島列島を奪《うば》われ樺太や北海道まで危《あや》うくなってきてから、ようやく北辺防備《ほくへんぼうび》につき重い腰を上げた。そこでまず蝦夷地の正確な地図が必要となった。幕府は北海道の地形すら知らなかった。

高橋はこれを絶好の機会と捉《とら》えた。蝦夷地《えぞち》の測量《そくりょう》を行なうとともに、かねての念願《ねんがん》である緯度《いど》一度の長さを長距離間で実測《じっそく》できるからである。それを最適任《さいてきにん》者《しゃ》である忠敬《ただたか》にさせようとしたのである。忠敬は躍《おど》り上《あが》って承諾《しょうだく》した。しかし高橋は心配した。それは何より忠敬が高齢《こうれい》であったからだ。この体力と気力を要する難事業《なんじぎょう》に果《はた》して耐《た》えられるであろうかと一抹《いちまつ》の不安《ふあん》がよぎったが、忠敬以外に任《まか》せられる人物はいなかった。高橋は幕府《ばくふ》に忠敬の派遣《はけん》を承認させた。しかし幕府は当初大《とうしょたい》した期待もしていなかったので、測量費用はわずか二十両《りょう》余りしか出さなかった。費用の大半は忠敬が負担《ふたん》した。約百両（三千万円）使った。これまた佐原《さわら》の商人として豊かな財産があったからこそできたことである。

寛政《かんせい》十二年（一八〇〇）閏《うるう》四月（四年に一度、一年が十三ヵ月になり四月が二回重なる）十九日出発した。五十五歳の忠敬は近くの富岡八幡宮《とみおかはちまんぐう》に参拝《さんぱい》、成功を祈念《きねん》、内弟子《うちでし》（忠敬の身内《みうち》、親戚《しんせき》など）三人、従者《じゅうしゃ》二人を伴《ともな》い奥州街道《おうしゅうかいどう》を北進《ほくしん》した。

日中《にっちゅう》は街道の長さを測《はか》った。測量の方法は従来《じゅうらい》のやり方を基本《きほん》とした。間縄《けんなわ》（長さ六十間《けん》〈一町・一〇八メートル〉）と間棹《けんざお》（一間〈一・八メートル〉）を用いるのと、

富岡八幡宮境内に建つ伊能忠敬銅像
この地から一歩を踏み出す忠敬の姿を再現したため、高い台座をあえて据えていない。忠敬は測量旅行の度に富岡八幡宮に参拝した。平成13年9月銅像建立
（写真・富岡八幡宮蔵）

もう一つは歩測《ほそく》である。この時は早く蝦夷地に行かないと冬期に入るため、日数のかかる間縄《けんなわ》・間棹《けんざお》による測定をあきらめ、奥州街道は歩測した。忠敬の一歩は六十九センチ余りである。忠敬はかねて訓練《くんれん》して、いついかなるときも一歩の長さに違いはなかった。もし夜に酒を飲み二日酔《よ》いにでもなれば、とても一歩一歩正確に六十九センチで歩けない。だから測量旅行中《そくりょうりょこうちゅう》、酒は禁止《きんし》であった。また夜は晴れていれば天体観測《てんたいかんそく》を必ず行なった。

朝から晩まで緊張《きんちょう》のとけないほとんど休みなしの生活が、十月まで一八〇日

間続いた。忠敬《ただたか》はこうして奥州街道《おうしゅうかいどう》（江戸――三厩《みんまや》〈津軽半島の最北端の村〉）と蝦夷《えぞ》地《ち》東南岸（松前《まつまえ》――別海《ニシベツ》〈野付郡別海《のつけぐんべっかい》町〉）まで正確な測量《そくりょう》をやり遂《と》げ、蝦夷地東南岸の地形が明《あきら》かになった。

この成功に高橋は激賞《げきしょう》した。また幕府首脳《ばくふしゅのう》も感嘆《かんたん》、このあと他の地域の測量及び地図作成を命ぜられるのである。

なおこの間、忠敬は緯度《いど》一度の長さを測定《そくてい》したのはいうまでもない。このあとの第二次以降の測量の旅において幾度《いくど》も測定した。測定の回数《かいすう》が多いほど誤差《ごさ》が少なくなり精度《せいど》を増すが、二年後、「二八・二里《り》」（一一〇・七五キロ）が動かぬ数字となった。その後、西洋最新の天文学《てんもんがく》の書が入ってきたが、西洋における測定も「二八・二里」でぴったり一致した。高橋と忠敬は手をとり合って悦び合った。

現在、緯度一度の正確な距離は一一一・一三キロだが、ほとんど誤差がなく、忠敬はヨーロッパにさほど遅れることなく、緯度一度をほぼ正確に測定することができ、これにより地球の大きさがわかったのだから、この一つをとっても忠敬の科学的功績は大きかったのである。江戸時代の日本の科学的水準は西洋と比べてさほど劣ってはいなかったのである。数学は世界水準に達し、関孝和《せきたかかず》という天才数学者が出ている。この時代、自然科学、技術の分野《ぶんや》において忠敬や高橋のほかに、両手《りょうて》に余《あま》るすぐれた人物が各地から出ている。明治以降の近代科学の一大発展は江戸時代にしっかりとした土台《どだい》、基礎《きそ》が築《きず》かれていたからこそ可能だったのである。

日本全国の測量へ

蝦夷地《えぞち》東南岸の測量をなし遂《と》げた忠敬は、次に残りの蝦夷地並びに国後《くなしり》、択捉《えとろふ》、得撫《うるっぷ》の各島を測量し、蝦夷地全体の地形を明《あきら》かにすることを願い幕府に要請《ようせい》したが、これは事情により許可されなかった。もしこれが実行されていれば、蝦夷地はほとんど人の住まぬ人跡未踏《じんせきみとう》の地であったから五年間ほどかかる。そうすると忠敬は蝦夷地測量だけで心身《しんしん》を消耗《しょうもう》して全国測量は未完成に終ったであろう。忠敬がやり残した測量は、晩年《ばんねん》の弟子である間宮林蔵《まみやりんぞう》が五年の歳月《さいげつ》を費《ついや》してやり遂《と》げた。蝦夷地《えぞち》残りの測量《そくりょう》が出来《でき》なかったのは忠敬《ただたか》にとり幸運であった。人生は自分の思い通りにゆかないことが多いが、それは必ずしも悪いことではなくかえってよい方に展開《てんかい》することがよくある。忠敬の人生がそれだった。

第二次測量は翌年の享和元年《きょうわがんねん》(一八〇一)四月から十二月まで、伊豆半島《いずはんとう》、三浦《みうら》半島、房総《ぼうそう》半島、奥州《おうしゅう》太平洋沿岸《えんがん》である。今回は幕府《ばくふ》の勘定奉行《かんじょうぶぎょう》が各藩《かくはん》に対して、測量隊に協力せよと指示した。幕府から出される手当《てあて》も少し増え待遇《たいぐう》がややよくなった。しかし費用の大半は前回同様、忠敬が出した。忠敬は幕府の出し惜《だお》しみを親友の飯岡尚寛《いいおかなおひろ》にぼやいている。いまだ幕府の正式な事業ではなく、忠敬の個人事業とされていた。徳川幕府が国家存立《こっかそんりつ》にかかわる国防をいかにおろそかにしていたかがわかる。

この測量ではことに三陸《さんりく》沿岸において苦労した。断崖絶壁《だんがいぜっぺき》が複雑《ふくざつ》に入《い》り組《く》むリアス式海岸だから海岸線の測量を直接行なうことが出来ず、海に船を浮かべ縄を渡して測量した。忠敬は東日本沿岸の測量を終え、下北《しもきた》半島を一周して野辺地《のへじ》、青森、三厩《みんまや》まで測《はか》り、帰路、奥州街道《おうしゅうかいどう》を再び測量した。第一次の時は蝦夷地に急行したため歩測《ほそく》しかできなかったが、今度は間縄《けんなわ》・間棹《けんざお》で精密《せいみつ》に計った。忠敬の測量は従来《じゅうらい》のやり方を主としたが、さらに天体観測《てんたいかんそく》を加えた。これにより測量の精度《せいど》が格段《かくだん》に上《あが》った。また緯度《いど》一度の長さの測定がここでも行なわれ、このとき「二八・二里」の距離を出し、第三次測量で忠敬はこの数字に確信を抱《いだ》いたのである。

忠敬はこの測量の結果を地図にして幕府に提出《ていしゅつ》した。房総半島・三浦半島・伊豆半島は国防《こくぼう》（当時は海防《かいぼう》といった）上《じょう》ことに重要な地域だが、その正確な地図を見せられた幕府首脳《しゅのう》は忠敬の仕事に唸《うな》ったのである。幕府は直ちに第三次測量を命じた。

第三次測量は奥州の日本海側と越後《えちご》沿岸及び三厩《みんまや》・青森・弘前《ひろさき》・秋田・新庄《しんじょう》・山形・米沢《よねざわ》・会津若松《あいづわかまつ》・白河《しらかわ》・宇都宮《うつのみや》・江戸・熊谷《くまがや》・軽井沢・上田・善光寺《ぜんこうじ》・高田・直江津《なおえつ》の内陸部の街道《かいどう》である。享和《きょうわ》二年（一八〇二）六月から十月までである。

伊能隊《いのうたい》に対する待遇《たいぐう》はこのときから上昇《じょうしょう》して手当金《てあてきん》は六十両《りょう》に増えたがいまだ忠敬の個人事業扱いであった。六十両は今日で千八百万円位《くらい》だが少なすぎた。

幕府《ばくふ》にすればはした金である。足りない分はみな忠敬《ただたか》が負担《ふたん》したのである。

第四次測量《そくりょう》は享和《きょうわ》三年（一八〇三）二月から十月まで東海、北陸沿岸である。東海道で名古屋までゆき、大垣《おおがき》・関ヶ原《せきがはら》・敦賀《つるが》・福井・金沢・能登半島《のとはんとう》を回り出雲《いずも》崎《ざき》から佐渡《さど》にわたり、そのあと寺泊《てらどまり》・長岡・高崎・浦和・江戸という順である。こうして日本の東半分の地形が明《あきら》かにされたのである。忠敬は第四次測量後、東日本全体の地図を絵師《えし》を使って製作《せいさく》、これを幕府に提出《ていしゅつ》した。大・中・小の地図数十枚が江戸城の五百畳の大広間に並べられて、将軍始め老中《ろうじゅう》・若年寄《わかどしより》・奉行《ぶぎょう》らがこれを見たが、驚嘆《きょうたん》しない者はいなかった。こうして第五次測量から、忠敬の個人事業はようやく幕府直轄《ばくふちょっかつ》事業《じぎょう》となるのである。

恩師《おんし》の死

第四次測量を終えた翌年の文化元年《ぶんかがんねん》（一八〇四）、恩師の高橋が四十歳で病死した。唯一無二《ゆいいつむに》の良師《りょうし》の死に忠敬は天《てん》を仰《あお》いで慟哭《どうこく》（嘆き悲しみ声をあげて泣くこと）

した。全国測量という重大な任務に自分がいま従事《じゅうじ》できるのはすべてこの恩師のかけがえのない指導と恩恵《おんけい》があったからである。

高橋はわが国天文学《てんもんがく》の開祖《かいそ》たる麻田剛立《あさだごうりゅう》に二十四歳の時弟子入《でしい》りした。十代の時すでに数学・暦学《れきがく》を学んでいたが、たちまち頭角《とうかく》を現わし門下第一の逸材《いつざい》(すぐれた才能の持主《もちぬし》)として幕府天文方《ばくふてんもんがた》に招かれたのであった。そして伊能忠敬《いのうただたか》と運命的出会いをして、自分のもつ知識の全てを忠敬に授けたのである。歴史的大事業である全国測量と日本地図の作成もすべて高橋の深い配慮《はいりょ》があって出来《でき》たことであった。

第四次測量のとき越後《えちご》の糸魚川《いといがわ》で地元《じもと》の役人と一悶着《ひともんちゃく》(もめあい)を起《おこ》したことがあった。地元役人の不誠意《ふせいい》、不行届《ふゆきとどき》のやり方に対して忠敬は厳《きび》しく叱責《しっせき》したが、それを根《ね》にもった糸魚川の領主が幕府の勘定奉行《かんじょうぶぎょう》に訴《うった》えるという事件である。心配した高橋は手紙を出して、こう忠告《ちゅうこく》しかつ激励した。

「いま天下の暦学者《れきがくしゃ》はみな眼《め》を拭《ぬぐ》ってあなたの地図が成就《じょうじゅ》するときを日を数えながら待っています。あなたが後世永《こうせいなが》く英名《えいめい》を残すのはこの時です。またこれによって世上《せじょう》の暦家《れきか》が机上《きじょう》で腐臭《ふしゅう》を放《はな》つような進歩のない状態を打ち破り、精密《せいみつ》な実証《じっしょう》の学風《がくふう》を打《う》ちたてるのもいまこの時なのであり、あなたの一身《いっしん》は天下《てんか》暦学《れきがく》の盛衰《せいすい》にかかっているのです。これほどの大事業がまさに成《な》し遂《と》げられようとする間《かん》に、一小事《しょうじ》のために万々一《まんまんいち》にもそれが中絶《ちゅうぜつ》するようなことになるならば、どれほど残念なことでしょう」

忠敬《ただたか》はともに学問の道に精進《しょうじん》する高橋の同志的友情《どうしてきゆうじょう》に涙を流して自戒《じかい》を誓《ちか》った。ちょうどこの時、高橋はフランスの天文学者《てんもんがくしゃ》ラランデの最新最高の研究書『ラランデ暦書《れきしょ》』の解読《かいどく》と邦訳《ほうやく》に没頭《ぼっとう》していた。この書は八十両《りょう》（約二千四百万円）もしたが、高橋は幕府《ばくふ》に要請《ようせい》、幕府が買い上げて天文方《てんもんがた》に下《さ》げ渡《わた》した。全五巻三千頁の大著《たいちょ》でフランス語からオランダ語に翻訳《ほんやく》されたものである。高橋はこれを寝食《しんしょく》を忘れて邦訳、自分の意見をも副《そ》えて、『ラランデ暦書管見《れきしょかんけん》』十一冊をわずか半年間で書き上げたのが、忠敬が第四次測量を終えた年の暮《くれ》であった。その翌年正月、精根《せいこん》を使い果《はた》して高橋は亡《な》くなったのである。最高の師であり最良《さいりょう》の理解者、擁護者《ようごしゃ》の死に忠敬は魂《たましい》が消え失《きう》せるほどの衝撃《しょうげき》を受けた。しかしここで挫《くじ》けてはならなかった。もし自分が挫折《ざせつ》してこの大事業が完成しなかったならば、あの世《よ》で恩師《おんし》に合わす顔はない。忠敬は気持を振《ふる》い立《た》たせた。全国測量《ぜんこくそくりょう》を成就《じょうじゅ》して最期《さいご》を迎えたとき、こう遺言《ゆいごん》している。

「私が幸いにして日本実測《じっそく》の業務《ぎょうむ》を遂行《すいこう》するを得《え》て今日《こんにち》あるのは、皆先師《せんし》（高橋）の懇篤《こんとく》なる扶掖《ふえき》（援助）指導の賜《たまもの》にほかならない。願わくは遺体《いたい》を先師のお墓の側《そば》に埋《う》めてほしい。先生からうけた高大《こうだい》なご恩を忘れない為である」

当時わが国第一の天文学者である高橋至時《たかはしよしとき》はまた実に立派な人格者であり、伊《い》能忠敬《のうただたか》を育て上げた「近代天文学の星」であった。

3、わが国科学史上の一大金字塔《だいきんじとう》
——二十一年間の測量《そくりょう》と地図作成

幕府直轄《ばくふちょっかつ》の測量隊になる

東日本の測量が幕府首脳《ばくふしゅのう》に高く評価《ひょうか》された結果、幕府は伊能隊《いのうたい》の測量をようやく幕府直轄事業《ちょっかつじぎょう》として、忠敬《ただたか》を幕臣《ばくしん》にとりたてた。測量隊の待遇《たいぐう》は大きく改善《かいぜん》され、以後費用《いごひよう》は全額支給《ぜんがくしきゅう》となる。しかし第五次から人員が増え本隊《ほんたい》と支隊《したい》に分れて測量を行なったから、新たに器具《きぐ》を揃《そろ》えなければならなかったが、それらは全て忠敬が費用を負担《ふたん》した。第五次から第十次までに忠敬が使った金は莫大《ばくだい》だったが、それに堪《た》えられる財力《ざいりょく》があったのである。

これまで東日本の測量に五年間かかったが、以後西日本その他の測量は最初予想した年月《ねんげつ》を大きく超えて十一年間も続いた。艱難《かんなん》と辛苦《しんく》はこれからが本番《ほんばん》を迎えるのである。

第五次測量は文化《ぶんか》二〜三年(一八〇五〜六)の二年にまたがり、近畿《きんき》・山陽《さんよう》・山《さん》陰《いん》・隠岐《おき》において、本隊・支隊の二組《ふたくみ》に分けて行なわれた。ことに苦労したのは紀伊半島《きいはんとう》であった。海岸線が複雑《ふくざつ》に入《い》り組《く》んでいたため作業《さぎょう》は難航《なんこう》し、鳥羽《とば》から新宮《しんぐう》まで五十日もかかった。もう一つは山陽沿岸と瀬戸内海である。この沿岸は一層入り組み、瀬戸内海には数多くの小島がある。この島々は第六次と分けて全て測量されたが、これには多大の日時を要《よう》した。西国《さいごく》の海岸線の複雑さは現地で測量してみてはじめて実感《じっかん》できることであった。こうして予定は大幅に遅れて、文化二年は岡山で越年《えつねん》、翌年残りの山陽沿岸と瀬戸内《せとうち》の島々、そのあと山陰沿岸と隠岐島《おきのしま》を測量した。

この間に忠敬《ただたか》は長州藩《ちょうしゅうはん》の防府《ほうふ》付近で、当時の難病《なんびょう》「おこり」というマラリア性熱病《ねつびょう》にかかった。六十歳の時である。周期的に発熱《はつねつ》して悪寒《おかん》や震《ふる》えが出る病気でなかなか治らず回復に三ヵ月も要《よう》した。隠岐島《おきのしま》には渡れず隊員だけで測量《そくりょう》した。地球一周分を歩いたのだから、忠敬は頑健《がんけん》そのものの体と思うかもしれないがそうではなく、やや病弱な体で足腰《あしこし》もそう強くはなかった。これまでの無理が重なり病いに倒れたのである。この長期の大病により測量は停滞《ていたい》を余儀《よぎ》なくされた。

ここにおいて隊内で人々の不和《ふわ》、対立が起きた。第五次から隊員と従者《じゅうしゃ》が倍《ばい》増《ぞう》した。これまで忠敬に従ってきた内弟子《うちでし》たちと新たに加わった人々との不和・対立である。新隊員の身分《みぶん》は従来の隊員より上で待遇《たいぐう》も上である。しかし測量技術は五年間の経験がある内弟子たちが優《まさ》っている。そのようなことから段々不和が高まり、加えて忠敬の重病《じゅうびょう》が重なり、統制《とうせい》が行届《ゆきとど》かず隊規《たいき》が乱れてくるのである。その結果、第五次測量が終ってから、幕府の命令で忠敬はやむなく内弟子二人を「破門《はもん》(門人として名を除くこと)」にしなければならなかった。

第六次測量は文化五〜六年(一八〇八〜九)、四国・淡路《あわじ》・大和《やまと》・伊勢である。淡路島、四国沿岸と瀬戸内の残りの小島、川之江《かわのえ》から高知までの街道を測《はか》り、そのあと大坂から生駒《いこま》を越え大和路《やまとじ》に入り、法隆寺《ほうりゅうじ》、奈良、吉野を経て伊勢に達《たっ》する街道《かいどう》を測量、伊勢《いせ》神宮《じんぐう》に参拝《さんぱい》して終了《しゅうりょう》した。四国沿岸測量は諸藩《しょはん》がよく協力してくれた。また第六次以後、忠敬の統率《とうそつ》は万全《ばんぜん》で隊内に問題はなかった。

大和路では有名な神社・寺院には必ず立ち寄り、大願成就《たいがんじょうじゅ》を祈願《きがん》した。忠敬の神仏《しんぶつ》への信仰は極《きわ》めて厚く、古来未曽有《こらいみぞう》の全国測量《ぜんこくそくりょう》の成就《じょうじゅ》に神仏の加護《かご》を祈ってやまなかったのである。大和路の測量は十次にわたる測量の中で最も困難の少ない「観光測量」であった。

いよいよ九州へ――第七次・第八次測量

九州の測量は予想の期間を超えて数年がかりで二回にわけて行なわれた。第七次測量は文化《ぶんか》六〜八年(一八〇九〜一一)、中山道《なかせんどう》、甲州街道《こうしゅうかいどう》、信濃《しなの》、中国内の街道そして九州（東側沿岸、大牟田《おおむた》以南の西岸と熊本――大分、熊本――都城《みやこのじょう》――日南《にちなん》を結ぶ街道）である。忠敬《ただたか》は屋久島《やくしま》と種子島《たねがしま》にも渡ろうとしたがこのときは出来《でき》なかった。

第七次測量《そくりょう》を終えて江戸に戻《もど》った時、忠敬は蝦夷地《えぞち》で知り合った間宮林蔵《まみやりんぞう》の訪問を受けた。間宮《まみや》は「間宮海峡《まみやかいきょう》」の発見者だが、幕府の命を受けて蝦夷地西北部の測量を行なうことになった。忠敬を深く尊敬していた間宮はわずかの期間であったが弟子入りして測量、天体観測《てんたいかんそく》について学び、西北部及び国後《くなしり》、択捉《えとろふ》等を五年間かけて正確に測量、忠敬が亡くなる前年、文化十四年（一八一七）その結果を忠敬に報告している。忠敬は間宮の労苦に深く感謝して、これを「大日本沿《だいにっぽんえん》海輿地全図《かいよちぜんず》」にとりいれた。間宮は忠敬の日本地図作成において欠かすことのできない役割を担《にな》ったのである。

第八次測量は文化八～十一年（一八一一～一四）、九州、中国、近畿、中部である。六十六歳から六十九歳まで最長期《さいちょうき》の測量である。いよいよ大詰《おおづめ》を迎えた忠敬は万一《まんいち》の場合を覚悟《かくご》して、そのときの処置《しょち》を家族に伝えて出発している。

　このとき最も苦労したひとつは屋久島《やくしま》と種子島《たねがしま》である。薩摩《さつま》の山川湊《やまかわみなと》で七日間風待《かぜま》ちして三月二十二日船出《ふなで》したが、逆風《ぎゃくふう》となり山川湊へ引き返し、数日風待ちしてようやく屋久島に着いた。全島がほぼ山岳《さんがく》で覆《おお》われているので測量がとてもむつかしく、船で海側から測《はか》ったところも少なくなく十三日間かかった。そこから二十キロ離れた種子島には、やはり風待ちして渡り十数日かけて測量、十二日間も風待ちして山川湊に戻った。

　そのあと北九州の沿岸と内部を測量し、平戸《ひらど》、壱岐《いき》、対馬《つしま》に渡った。対馬の測量は五十六日間、最後は五島列島《ごとうれっとう》で七十日間もかかった。このとき二組《ふたくみ》のうち一組を率いる副隊長坂部貞兵衛《さかべさだべえ》が七月、福江《ふくえ》で病死した。四十二歳だった。隊長の忠敬《ただたか》を補佐《ほさ》した坂部《さかべ》の辛苦《しんく》は命を失うほど大きかったのである。坂部はいつも難所《なんしょ》を引き受ける最も信頼する腹心《ふくしん》であったから、「鳥が翼《つばさ》を落したのと同じで大いに力を落し」とまで言って、その死を深く嘆《なげ》いた。そのあと中国、近畿、中部の未測《みそく》の諸街道《しょかいどう》を測った。

第九次・第十次測量《そくりょう》

第九次測量は文化《ぶんか》十二〜十三年(一八一五〜一六)、伊豆《いず》、武蔵《むさし》、相模《さがみ》、伊豆七島《いずしちとう》である。七十歳を迎えた忠敬は出かけるつもりでいたところ、部下たちからここは私どもにおまかせ下さいと、高齢をいたわられたため不参加であった。測量隊は伊豆七島において帰路《きろ》苦難にあい、三日三晩漂流《ひょうりゅう》し命からがら帰還《きかん》できた。

最後の第十次は文化十三年(一八一六)江戸府内《ふない》である。江戸は、東海道、中山道《なかせんどう》、甲州街道《こうしゅうかいどう》、奥州街道《おうしゅうかいどう》の出発点だが、出発点相互間《そうごかん》と江戸府内の測量による正確な地図作成が最後の仕事となった。

こうして十六年間、五十五歳から七十一歳まで、忠敬は一部間宮林蔵《まみやりんぞう》の協力を得て、日本列島沿岸と大小の島々並びに主要街道を測量するという一大事業を数々の苦難を経《へ》て遂《つい》に完成したのである。

「大日本沿海輿地全図《だいにっぽんえんかいよちぜんず》」完成

忠敬《ただたか》は測量結果に基づき、直《ただ》ちに地図の作成にとりかかった。しかし忠敬は文政元年《ぶんせいがんねん》（一八一八）四月十三日、日本地図の完成を見ることなしに老衰《ろうすい》のため七十三歳で亡くなった。墓は浅草・源空寺《げんくうじ》の高橋至時《たかはしよしとき》の墓の隣《とな》りに置かれた。地図は弟子《でし》、天文方《てんもんがた》の人々、専門絵師《えし》らの手により念入《ねんい》りに作られた。五年の月日を費《ついや》して文政四年（一八二一）ついに完成、「大日本沿海輿地全図」と名づけられて幕府《ばくふ》に提出《ていしゅつ》された。大図《たいず》二一四枚、中図《ちゅうず》八枚、小図《しょうず》三枚からなる（それは平成二十五年『伊能図大全《いのうずたいぜん》』として刊行《かんこう》された）。全国測量《ぜんこくそくりょう》と地図作成を合わせて二十一年間を要《よう》した大事業がここに成就《じょうじゅ》したのである。

忠敬の日本地図の価値と特徴はどこにあるのか。まず第一は、わが国初の実測《じっそく》図《ず》であり、初めての科学的な日本地図でもあった。日本列島の海岸線を正確に測《はか》り、列島の真《しん》の姿・日本国土の形を明《あきら》かにしたことである。まことに前人未踏《ぜんじんみとう》・

古今独歩《ここんどっぽ》の絶大《ぜつだい》な価値を有する事業であった。

第二は、地球上における日本列島の正確な位置が明《あきら》かにされたことである。すなわち列島の緯度《いど》と経度《けいど》がほとんど誤りなく（経度の一部に少しずれがある）確定《かくてい》されたことである。忠敬《ただたか》は日本の国土の形と地球上の位置をわが国が始まって以来、数千年後に初めて明《あきら》かにする画期的《かっきてき》な仕事を成《な》し遂《と》げたのである。

次に内陸《ないりく》の主要街道《しゅようかいどう》が正しく測定《そくてい》されて地図に書きこまれたことである。測量した線に沿《そ》って城下《じょうか》・町並《まちなみ》・村・田畑《たはた》・原野《げんや》・山景《さんけい》・川・湖沼《こしょう》などの沿道《えんどう》風景を彩色《さいしょく》をもって描《えが》き、地名・国名・国界《こっかい》・郡名《ぐんめい》・郡界《ぐんかい》・神社・仏寺《ぶつじ》などを文字や記号で書き、領主名《りょうしゅめい》・領界《りょうかい》も記している。山地《さんち》は緑、川や湖は水色、砂地《すなち》は黄色と絵画的に美しく仕上《しあ》げられた一つの美術作品でもあった。この絵図《えず》を描《か》いたのは専門の絵師《えし》である。国名などの文字は楷書《かいしょ》できれいに書かれているが、協力した一人が親友の学者久保木清淵《くぼきせいえん》である。

「大日本沿海輿地全図」が江戸城の大広間にひろげられたとき、人々は何を思ったであろうか。まず地球上における日本列島の位置と正確な形が美しい彩色をほどこした図絵《ずえ》となって明《あき》らかにされたことに対する驚嘆《きょうたん》であったであろう。それまで水戸藩《みとはん》の学者・長久保赤水《ながくぼせきすい》が作った日本地図は実測図《じっそくず》ではなく、大体《だいたい》の形は合っているが正確ではなく歪《ゆが》みがある。

次に思ったことは、日本列島の姿・形の美しさであったろう。世界地図や地球儀を見るとよくわかるが、地球上の大小の島の中で日本列島ほど均整《きんせい》のとれた美しい形をした島はどこにもない。私は小・中学生のころ地図帳を見るのが好きだったが、世界の島々と比べてつくづく日本列島がいかに美しい姿・形をしているかといつも思った。そうして日本列島の形をよく紙に書いた。

日本列島の美しい姿・形につき、後年私は皇后陛下《こうごうへいか》の御歌《みうた》を知り驚きと悦びを感じた。

岬《みさき》みな　海照《うみて》らさむと　点《とも》るとき
弓《ゆみ》なして明《あか》る　この国ならむ　（昭和五十二年）

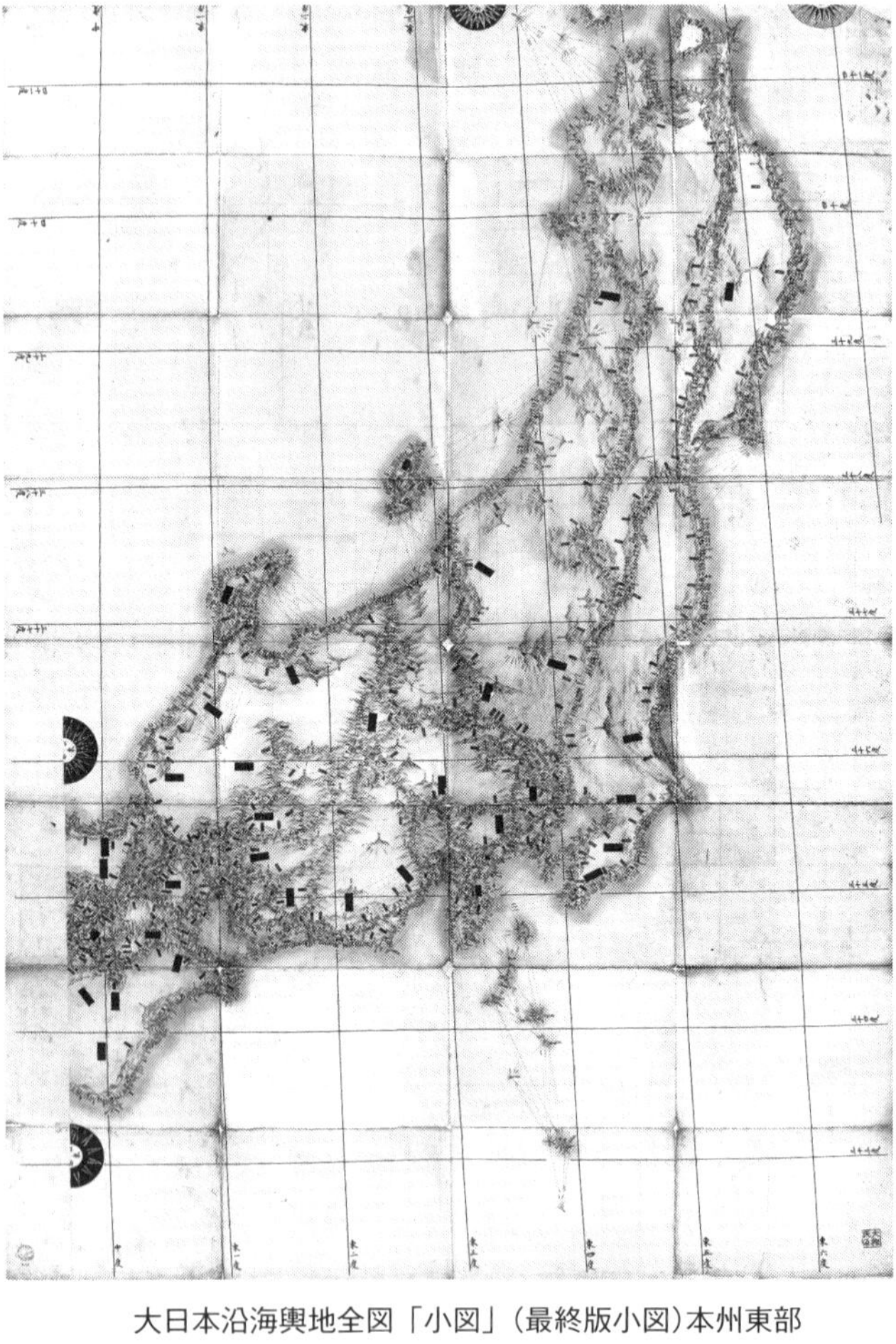

大日本沿海輿地全図「小図」（最終版小図）本州東部

幕府に上呈された正本は、明治６年皇居の炎上で焼失した。伊能家の副本も関東大震災で保管先の東京帝国大学付属図書館と共に焼失した。転写図のみが辛うじてその姿を伝えている。本図は平成 10 年４月に初めて所在が確認された。245 ㎝× 164 ㎝。（東京都立中央図書館所蔵）

夜になると列島各地の岬には灯台《とうだい》の火が点《とも》る。それを夜空《よぞら》から見下《みお》ろすと見立《みた》てると、灯台の光が点々《てんてん》と輝き日本列島の弓のような美しい姿・形が明るく浮《う》かび上《あ》がる、との意味である。実に壮大《そうだい》な美しい情景《じょうけい》である。皇后陛下は普通の人々が思いもよらない発想《はっそう》をもって、日本列島の美しさを賛《たた》えられたのである。現代におけるまことに雄大荘重《ゆうだいそうちょう》な「国《くに》ぼめ（国土《こくど》の美しさをほめたたえること）」の御歌《みうた》だと思った。

わが国は世界に誇る美の国、芸術の国である。建物・庭園・絵画・工芸品・仏像《ぶつぞう》・陶磁器《とうじき》など数限りない。中でも国土・自然・風景の美しさは世界に比類《ひるい》がないが、日本列島の姿・形の美しさにこれまで人々は気づいていなかったようだ。二百年前、忠敬《ただたか》がこれを明《あき》らかにしたことはもっともっと賛《たた》えられてよい。

伊能忠敬《いのうただたか》の世界的業績《ぎょうせき》

忠敬の測量《そくりょう》にもとづく日本地図の正確さ、精密《せいみつ》さは当時の技術水準《すいじゅん》と観測器《き》械《かい》を考えて見るならば実《じつ》に驚異的《きょういてき》なことであった。当時、測量《そくりょう》と地図作成の最《さい》先進国《せんしんこく》はフランスであったが、忠敬《ただたか》の日本地図作成のやや少し前にフランス全土の地図が完成し、そのフランス地図が世界一正確と評価されていた。忠敬の日本地図をそのフランス地図と比べる時、正確さ、精密さは優《まさ》るとも劣《おと》らなかったといわれている。

フランスと日本の測量・地図作成を比べると、わが国の方が断然《だんぜん》むつかしい。なぜなら日本の国土はフランスより狭《せま》いが、海岸線が長くフランスの国境線・海岸線の数倍もある。しかも海岸線が入《い》り組《く》み小島が多いから、測量の困難さは比較にならない。観測器械《かんそくきかい》もフランスより劣っていた。にもかかわらず測量の精《せい》度《ど》、地図の正確さにおいて少しも見劣りしなかったのである。忠敬の日本地図作成は緯度《いど》一度の長さの算出《さんしゅつ》とともに当時の輝ける世界的業績《ぎょうせき》であり、わが国科学史上の不滅《ふめつ》の一大金字塔《だいきんじとう》であったのである。

忠敬の偉業《いぎょう》はむしろ明治時代になって評価された。幕府はこの日本地図を門外《もんがい》不出《ふしゅつ》にしてあまり活用《かつよう》しなかった。宝の持《も》ち腐《ぐさ》れである。しかし明治期において政府、各県、学校教育、そして陸軍海軍において大活用され、つい最近まで百年間にわたり利用された。

明治十六年、忠敬の事業は「空前絶後《くうぜんぜつご》の偉業《いぎょう》」としてたたえられて、忠敬は明治天皇より「贈正四位《ぞうしょうしい》」の名誉《めいよ》を与えられた。

4、人間の努力の尊さを示した忠敬《ただたか》の一生

天体観測《てんたいかんそく》を重視した忠敬の測量《そくりょう》——「天測量地《てんそくりょうち》」の十六年

忠敬の測量方法はこれまで行なわれてきたやり方を基本としたが、旧来《きゅうらい》のやり方に新しい工夫《くふう》を加えたところに特徴《とくちょう》があった。それは天体観測《てんたいかんそく》を徹底的《てっていてき》に実行したことである。従来《じゅうらい》の方法は、いかにていねいに行なっても徐々《じょじょ》に誤差《ごさ》が累積《るいせき》されてゆく。日本全土の測量だからなおさらである。測量は誤差との闘いであり、それをいかに少なくするかである。

そのため忠敬がとりいれたのが天体観測である。正しく測量して誤差を少なくするためには、天体観測により緯度《いど》と経度《けいど》を決定しなければならないことは早くから知られていたが、これを初めて実行したのが忠敬であった。

各地の緯度を測定《そくてい》する為に行なったのが、北極星始め恒星《こうせい》（光を発して常に見える星）の観測《かんそく》である。晴れている夜は必ずやった。測定は恒星が南中《なんちゅう》（天体が子午《しご》線《せん》〈南北線〉を通る瞬間《しゅんかん》）した時の高度《こうど》を測定すると、観測地の緯度《いど》を測定できる。それを測《はか》る器具《きぐ》を「象限儀《しょうげんぎ》」といった。当時の観測器具の一つだが、忠敬はさらに工夫《くふう》を凝《こ》らして特別に注文《ちゅうもん》して作らせた。

忠敬は夕食後、部下とともに観測を始める。北極星、小熊座《こぐまざ》、カシオペア座、獅子座《ししざ》などの恒星を一晩に多いときは三十個ほど測定する。恒星が子午線を横切る瞬間を象限儀で正しく観測するのはなかなかむつかしく、一分《ぷん》読み違えると地図上では一・八キロ違うことになる。そこで数多くの恒星を観測して誤差を少なくし精度《せいど》を高め、正確な緯度を定めた。測量の総日数三七五四日のうち約四割の一四〇四日、天体観測を行なったのである。並大抵《なみたいてい》の努力ではなかった。緯度の測定《そくてい》においてもう一つ大事なのが太陽の南中観測《なんちゅうかんそく》だが、これにもつとめたことはいうまでもない。

経度《けいど》の測定は日食《にっしょく》と月食《げっしょく》及び木星《もくせい》の衛星《えいせい》の凌犯《りょうはん》（食現象《しょくげんしょう》・当時知られていた四つの衛星の一つが木星と重なる現象）の観測によるが、緯度《いど》の測定よりもはるかにむつかしかった。伊能隊《いのうたい》の測量《そくりょう》期間中に起った日食の回数は四回、月食は九回であったが、悪天候だと観測は出来《でき》ない。江戸・大坂及び観測地三ヵ所で同時観測できたのは三回、二ヵ所同時観測は二回だけである。木星の小衛星の凌犯の観測にも努めたが、結局正しい経度の測定はできなかった。

第五次以降の西日本の測量では、その地域が東西に長く延びているため、正しい経度を天体測量で測定し地球上の位置を定めなければならないが、それができなかったのである。それゆえに忠敬《ただたか》の日本地図は形状《けいじょう》はきわめて正確だが、北海道と九州の位置は東西にずれがありやや偏《かたよ》りがあったのはいたし方なかった。

忠敬はどんなに残念だったことであろう。

忠敬はこのようにして天体観測《てんたいかんそく》に心血《しんけつ》を注いだ。曇《くも》りの夜でも雲の間《あいだ》の星を探《さが》

象限儀
測量地の緯度を求めるために、北極星などの高度を観測した器具

わんか羅鍼(杖先方位盤)
杖先につけた方位磁石盤。
忠敬が最も使用した器具の一つ

忠敬が測量に使った器具
(写真・千葉県香取市 伊能忠敬記念館所蔵)

して少しでも観測した。天体観測をしない隊員たちは、食後、昼間の測量《そくりょう》の整理や地図の下書《したがき》などの残業を行った。だから夜ゆっくり晩酌《ばんしゃく》をして寛《くつろ》ぐ暇《ひま》はなかった。晩酌は厳禁《げんきん》である。精神的な緊張《きんちょう》感《かん》を伴《ともな》う体力的にも大変な仕事であり、ほとんど休《きゅう》暇《か》らしい休暇もなく十六年間続けられたのであった。忠敬は「天測量地《てんそくりょうち》(天体を観測し、地上を測量する)」といったが、「天測《てんそく》」は伊能隊《いのうたい》の表看板《おもてかんばん》であった。

「古今《ここん》にこれなき日本国測量」
——忠敬を衝《つ》き動《うご》かしたもの

今日にたとえるなら、とても強健《きょうけん》とはいえず脚《きゃく》力《りょく》もあまりない七十代の老人が九十代にかかるまでの十数年間、倦《う》まず撓《たゆ》まず地球一周分を歩いて朝早くから夜おそくまで精根《せいこん》の限りを尽《つく》したのである。年齢を考えるならばそれは想像を絶する努力の極限《きょくげん》と言ってよかった。ここまでやった忠敬《ただたか》の心を衝《つ》き動《うご》かしたものは一体何《なん》であったろうか。

それは何より若い時から思い続けた「天地の理《り》を究《きわ》めん」とする真理探究《たんきゅう》のやむことのない学問に対する沸々《ふつふつ》とたぎる情熱であった。伊能家《いのうけ》の当主《とうしゅ》として三十二年間、家業《かぎょう》の繁栄と佐原《さわら》の人々の為に尽《つく》したが、この気持を少しも磨滅《まめつ》させず、寸暇《すんか》を見つけては数学や暦学《れきがく》の書物《しょもつ》を読み学問を怠《おこた》ることがなかった。その学問の積み重ねが五十歳すぎて花咲く時が果《はた》して来るかどうかは全くわからなかった。「人生五十年」の時代だったから商人として一生を終える可能性の方が高かったであろう。

しかし命長らえて願ってもない最高の師、高橋至時《たかはしよしとき》にめぐり会えた。そうしてこの恩師《おんし》のもとで老いを忘れて、高橋を驚嘆《きょうたん》させる勉学《べんがく》に熱中《ねっちゅう》した。蝦夷地測量《えぞちそくりょう》に出かけるまでの五年間は忠敬にとり貴重な黄金《おうごん》の日々《ひび》であった。

緯度《いど》一度の距離を測《はか》り地球の大きさを明《あきら》かにしたいという師弟《してい》の願望《がんぼう》が蝦夷地測量となった。この成功が日本全国の測量という大事業を導くことになろうとは、忠敬《ただたか》の思いもよらぬことであった。しかしこの時、それを行なうことのできる手腕《しゅわん》と意志《いし》と情熱《じょうねつ》を持つ最適《さいてき》にして唯一《ゆいいつ》の人物が忠敬であったのである。佐原の三十余年の学問と経験、人間的成長並びに豊かな財力《ざいりょく》なしにとうていこの事業の達成《たっせい》はありえなかった。

忠敬の全国測量・日本地図作成は人智《じんち》のはからいを超《こ》えた事業であった。忠敬はそれを「自然の天命《てんめい》（神から与えられた命令・使命）」とのべている。また家族への手紙でこう書いている。

「これこそ実《じつ》に天命というのでしょうか、あるいは先祖《せんぞ》の遺徳《いとく》（子孫に遺《のこ》した徳）というのでしょうか、言葉にはとても尽《つく》しがたく思います」

さらに全国測量につき、「神武天皇以来《じんむてんのういらい》これまでなかった事」であり、「古今《ここん》にこれなき日本国測量」とのべている。

「天命」という気高い使命感と自覚に立ち、「神武天皇以来」の「古今にこれなき日本国測量」に、第二の人生の全てを捧《ささ》げた人物が忠敬《ただたか》であった。

それはとりもなおさず祖国日本の為、世の為、人の為になくてはならぬ大切な尊《とうと》い価値ある仕事であった。忠敬はロシアが千島《ちしま》・樺太《からふと》を侵略《しんりゃく》し北海道を狙《ねら》う危機《きき》を憂慮《ゆうりょ》して、日本の独立と安全を守り抜こうとする愛国心・大和魂《やまとだましい》を誰よりも強く持つ日本人であった。だからこそ老齢《ろうれい》にもかかわらず全国を歩き続け、空前《くうぜん》の大事業をやり遂《と》げることができたのである。忠敬は明治維新《めいじいしん》の志士《しし》に先駆《さきが》けた国防《こくぼう》の先覚者《せんかくしゃ》でもあったのである。

大事業を成就《じょうじゅ》した忠敬の人格・人間性

この大事業を成就させた理由はどこにあるのか。もとよりそれは忠敬が非凡《ひぼん》の人物であったからである。抜群《ばつぐん》の素質《そしつ》・頭脳《ずのう》・才能があったことは間違いない。とび抜けた秀才であり、天才的人物といってもよい。もし学者の道を歩めばきっと大学者になったであろう。

しかし忠敬にいかに人並すぐれた頭脳・才能・手腕《しゅわん》があったとしても、それだけでは決してこの大事業は成功しなかった。結局それをなさしめたのは忠敬のひときわすぐれた人格・人間性にあった。それを磨《みが》いたのが小堤《おんづみ》・佐原《さわら》時代であった。忠敬の人格・人間性につき最後にまとめてみよう。

(1)　誠実・正直

これが忠敬の人格・人間性の核心《かくしん》である。誠実とはまこと（誠《まこと》・真《まこと》・実《まこと》）であり、真心《まごころ》である。嘘《うそ》、偽《いつわ》りのないことである。正しい心であり、直《なお》き心（曲《まが》っていないまっすぐな心）である。別な言い方をすると、「まこと」とは「神の心」「仏《ほとけ》の心」である。日本人の倫理《りんり》・道徳《どうとく》を一言でいうと「まこと」である。これを少し長くいうと「明《あか》き清《きよ》き直《なお》き誠《まこと》の心」である。古来《こらい》、日本人が最も大切にして踏《ふ》み行なってきた心である。「まこと」は日本人の生き方そのものであり、歴史上の真《しん》の偉人《いじん》はみな「まこと」の心の手本《てほん》である。忠敬はこの心が深い人だったから、「天地の理《り》」つまり天地の真理・真実・まことを生涯《しょうがい》求め続け、緯度《いど》一度の長さ、地球の大きさ、日本列島の正確なかたちを探求《たんきゅう》したのである。

（2） 謙虚《けんきょ》・慎《つつし》み

頭がよく才能があり商人としての手腕《しゅわん》が並々ではなかった忠敬《ただたか》は、とても謙虚で慎み深《ぶか》かった。それは持って生まれた性格だったが、三十余年の商人生活で一《いっ》層磨《そうみが》き抜《ぬ》かれた。十七歳の忠敬が使う人はみな年上ばかりである。多くの人々を使う三十年間の経験と苦労が、隠居《いんきょ》する時の息子景敬《かげたか》への家訓《かくん》となった。その中に「篤敬謙譲《とっけいけんじょう》（人情《にんじょう》に厚く慎《つつし》み深いこと）」「諸事謙《しょじへりくだ》り敬《つつし》む（慎む）」とある。忠敬の「敬」の意味は、うやまうこと、つつしむことだが、誰に対してかというと、神・仏《ほとけ》そして親兄弟・家族・使用人・他人に対してである。忠敬は何より神仏に対してうやまい、つつしむ心の深い信仰心篤《あつ》い人物であった。

（3） 思いやり・情（なさけ・じょう）・慈愛

神仏《しんぶつ》と人々へのうやまいとつつしみは同時に人々への深い思いやり・情《なさけ》・慈愛《じあい》・慈悲《じひ》・仁愛《じんあい》となってあらわれる。この心が深く篤かったからこそ、天明《てんめい》の大飢《だいき》饉《きん》や利根川《とねがわ》の洪水《こうずい》のとき、窮民救済《きゅうみんきゅうさい》に全力を尽《つく》して一人の餓死者《がししゃ》も出さなかったのである。指導者に最も大切な心の一つである。これがなければほかにいかにすぐれた能力があったとしても、人心《じんしん》は離れて組織は衰退《すいたい》し凋《しぼ》んでしまう。

(4) 強い意志・勇気・胆力《たんりょく》

ふだんはやさしく温厚《おんこう》でつつしみ深い忠敬《ただたか》は、人並はずれた強固な意志と勇気と胆力を持っていた。それだからこそ誰も出来《でき》ない仕事に挑戦《ちょうせん》できたのである。

(5) 根気《こんき》・忍耐《にんたい》・不撓不屈《ふとうふくつ》の努力

人生を乗りこえてゆくのになくてはならないものの一つが根気と忍耐だが、忠敬は誰よりもこれを強く持った人であった。

(6) 向学心《こうがくしん》・知的好奇心《こうきしん》・求道心《ぐどうしん》

「天地の理《り》を究《きわ》めん」とする忠敬の向学心・知的好奇心・求道心の高さはいうまでもない。

(7) 指導力・統率力《とうそつりょく》

これも佐原時代《さわらじだい》に培《つちか》ったもの。指導者として集団をまとめ目標を達成する親分《おやぶん》的《てき》な統率力なしに、全国測量《ぜんこくそくりょう》の成功はありえなかった。

生涯《しょうがい》を貫いた愚直《ぐちょく》と努力

少年時から向学心《こうがくしん》が高く「天地の理」を究《きわ》めようと願った忠敬《ただたか》の一生は回《まわ》り道《みち》の人生であった。佐原《さわら》の商人として三十余年すごしたからである。しかし忠敬はこの思わぬ人生の転換《てんかん》において、決して失望せず不平不満を抱くことなく家業《かぎょう》に尽《つく》し周囲の期待に立派にこたえた。

忠敬は長い回り道、曲線《きょくせん》の人生を厭《いと》わなかった。忠敬は世の中には人間のはからい心、人間の知恵が及ばないものが存在していることをいやおうなしに知らされた。その思いが忠敬を謙虚《けんきょ》にした。そうして神仏《しんぶつ》への信仰《しんこう》と感謝《かんしゃ》の心を深くもって生涯、誠実《せいじつ》に生きた。

しかしこの三十余年の回り道は決して無駄《むだ》ではなく、晩年《ばんねん》の大事業達成の為になくてはならぬ礎《いしずえ》、土台《どだい》になったのである。回り道ではなく、立派な価値ある仕事を成就《じょうじゅ》させる為に、忠敬の人物を磨《みが》き鍛《きた》え上《あ》げる磨石《といし》であったのである。

そうして世間的にはほぼ人生の終っている五十過ぎから、愚直《ぐちょく》(さかしらな知恵がなく正直でいちずなこと)と言うしかない根気《こんき》と忍耐《にんたい》と努力をもって、日本列島の曲《まが》りくねった大回《おおまわ》り道《みち》を歩き続けたのである。

遺伝子《いでんし》の研究で知られる学者村上和雄《むらかみかずお》氏は、「器《うつわ》の大きなバカ、素直《すなお》で正直なアホになれ」「愚直で馬鹿正直の人に神はほほえむ」「愚(ぐ・おろか)という徳をもつこと」「回り道、曲線を厭《いと》わぬ鈍《にぶ》く愚《おろ》かなアホな生き方の意義」「あらゆることに〝ありがとう〟と感謝できること」「人智《じんち》をこえる神の偉大な叡智《えいち》」「天(神)にまかせること」と説き、「深く大きな愚《ぐ》を一生涯《いっしょうがい》かけて貫《つらぬ》くこと。愚《ぐ》をしっかり守ること」の大切さをのべている。

忠敬《ただたか》の一生はまさしくこれであった。誠実に愚《ぐ》を守り抜き努力の限りを尽《つ》くした忠敬は、単に秀才・天才として賛《たた》えられるべき人ではなく、人間の努力の尊さを示した一手本であった。

参考文献

『伊能忠敬』大谷亮吉　名著刊行会　昭和54年
『伊能忠敬書状』千葉県史編纂審議会　千葉県　昭和48年
『伊能図大全』全七巻　渡辺一郎監修　河出書房新社　平成25年
『伊能忠敬』小島一仁　三省堂　昭和53年
『伊能忠敬測量隊』渡辺一郎　小学館　平成15年
『伊能忠敬の地図をよむ』渡辺一郎　河出書房新社　平成12年
『新考伊能忠敬』伊藤一男　崙書房出版　平成12年
『伊能忠敬』星埜由尚　山川出版社　平成22年
『伊能忠敬』星埜由尚　平凡社　平成30年
『新しい伊能忠敬』川村優　崙書房出版　平成26年
『天と地を測った男——伊能忠敬』岡崎ひでたか　くもん出版　平成15年
『江戸の科学者』新戸雅章　平凡社新書　平成30年
『アホは神の望み』村上和雄　サンマーク出版　平成20年　ほか

第二話

西郷隆盛
——古今《ここん》不世出《ふせいしゅつ》の代表的日本人

西郷隆盛

文政10年(1827)〜明治10年(1877)薩摩藩士。陸軍大将。筆頭参議。政治家。明治維新成就の最大功労者。

(肖像画・山形県　致道博物館所蔵)

1、日本を代表する偉人

もし明治維新《めいじいしん》がなかったならば――近代日本の世界的貢献《こうけん》

わが国の新生《しんせい》をもたらした明治維新が成就《じょうじゅ》してから百五十年たった。もし明治維新がなかったならば、日本と世界はどうなっていただろうか。明治維新がなければ日露戦争《にちろせんそう》はなく、日露戦争がなければ大東亜戦争《だいとうあせんそう》はなかったであろう。近代日本の歴史の三つの大きな柱が、明治維新と日露戦争と大東亜戦争である。明治維新に始まるこの三つの歴史が、近代の世界を根本から変えたのである。

一九九二(平成四)年、マレーシアのマハティール首相は香港《ほんこん》の国際会議でこう発言している。

「日本の成功が東南アジア諸国に自信を与えた。日本がなければ欧米《おうべい》の世界支配は永久に続いていたはずだ」

この発言にアメリカとイギリスの代表は激怒《げきど》して退席《たいせき》した。このとき香港はまだイギリスの支配する植民地《しょくみんち》であった。マハティール首相のいう「日本の成功」とは、一つにわが国が明治維新《めいじいしん》を成《な》し遂《と》げ国家の独立を守り抜き、有色民族中ただ一つ近代国家として新生《しんせい》しえたこと。二つに日露戦争《にちろせんそう》において世界的強国ロシアを打破《うちやぶ》り、それが全ての非西洋民族、非抑圧《ひよくあつ》民族を驚喜《きょうき》、感嘆《かんたん》、覚醒《かくせい》させるとともに民族独立の自覚を促《うなが》す最大の契機《けいき》となったこと。三つ目は大東亜戦争《だいとうあせんそう》においてわが国は敗戦という大犠牲《だいぎせい》を払って、約五百年間続いてきた欧米白人国家による植民地支配に遂《つい》に止《とど》めを刺《さ》し非西洋諸国を解放、その独立を導き人種平等の世界をただ一国の努力で築き上げたことである。

日本がこの三つの大偉業《だいいぎょう》を成《な》し遂《と》げなかったならば、欧米の非西洋支配・世界支配は永久に続いていたに違いない。これがマハティール首相の重大発言であった。この言葉こそ全ての有色人種の本音《ほんね》、本心《ほんしん》である。第一巻の「はじめ」において、竹田恒泰《たけだつねやす》氏《し》の『日本はなぜ世界でいちばん人気があるのか』の文章を紹介したが、全世界の人々が日本を尊敬し親愛してやまない最も大きな理由がここにある。

非西洋唯一の例外・世界史の奇蹟《きせき》

当時、世界を思いのままに支配していた欧米人《おうべいじん》の立場に立つならば、日本は彼らに侵略されて植民地《しょくみんち》・隷属国《れいぞくこく》(奴隷《どれい》として従属《じゅうぞく》する国)となることが必然《ひつぜん》の運命だった。

西洋の世界支配は十五世紀末のコロンブスによる西インド諸島征服から始まった。コロンブスは現在のハイチ、ドミニカにいた人々約三百万人をほとんど皆殺しにした。以後二十世紀まで南北アメリカ、アジア、アフリカの有色民族のほとんど全てが欧米《おうべい》に侵略《しんりゃく》され植民地化《しょくみんちか》・隷属化《れいぞくか》の運命をたどった。欧米の非西洋植民地化の最終段階が、十九世紀後半から二十世紀初頭《しょとう》にかけての時期、つまり明治維新《めいじいしん》から日露戦争《にちろせんそう》ごろまでの時代である。

東アジアの広大な地域をめがけて、当時の五大強国（イギリス・ロシア・フランス・ドイツ・アメリカ）が殺到《さっとう》し植民地獲得《かくとく》争いに凌《しの》ぎを削《けず》り合《あ》った。既にインドを征服していたイギリスは、アヘン戦争（一八四〇―四二年）で清《しん》を屈服《くっぷく》させた。このあと清はイギリス・ロシア・フランス・ドイツによりなぶりものにされ、十九世紀末には四ヵ国に九龍《きゅうりゅう》・威海衛《いかいえい》・旅順《りょじゅん》・大連《だいれん》・広州湾《こうしゅうわん》・膠州湾《こうしゅうわん》等をむしり取られて隷属化が進んだ。一九〇〇年、義和団事件《ぎわだんじけん》が起きた時、ロシアは満洲《まんしゅう》を占領して清から奪い取った。この時点で清は事実上亡国《ぼうこく》と化し滅亡は時間の問題であった。一方新興大国《しんこうたいこく》アメリカは一八九八年、米西戦争《べいせいせんそう》を起こしてスペインを打破《うちやぶ》り、その植民地であったフィリピンとグアムを奪い自国の植民地とし、同じ年ハワイを併合《へいごう》した。英露仏独米の「五強《きょう》」は全くやりたい放題であった。

これが十九世紀後半から二十世紀にかけての世界である。欧米のこうした暴《ぼう》虐《ぎゃく》非道《ひどう》な振舞《ふるまい》に抵抗《ていこう》・反撃《はんげき》しうる有色民族《ゆうしょくみんぞく》の独立国は日本を除いて皆無《かいむ》であった。名目的《めいもく》独立国はタイやブータンなどわずかにあったが、欧米《おうべい》には絶対に刃《は》向《む》うことのできない実質的《じっしつてき》には従属国《じゅうぞくこく》、保護国《ほごこく》であった。

この時代、欧米の強国が非西洋諸国を侵略・支配して有色人種を平然《へいぜん》と虐殺《ぎゃくさつ》し奴隷化《どれいか》することは、キリスト教を奉《ほう》ずる白人にとって神に許された「明白なる天命《てんめい》・運命《うんめい》」であり、「神の恩寵《おんちょう》（恵み）」と考えられたのである。欧米人の心に立って言うとこうなる。我々白人は人種的に最もすぐれている。非西洋人はあらゆる点で劣等人種《れっとうじんしゅ》である。欧米にはすぐれた学問知識・科学技術にもとづく高い近代的文明と強力な軍事力がある。非西洋にはこれがない。また欧米にはキリスト教がある。キリスト教だけが唯一《ゆいいつ》絶対の最高の宗教であり、その他の宗教は迷信《めいしん》・邪教《じゃきょう》でしかない。これらの宗教を信ずる人種は無知、野蛮《やばん》であり、邪教・異教徒《いきょうと》は撲滅《ぼくめつ》されなければならない。さらに皮膚《ひふ》の色、姿かたちにおいても非西洋人は醜《みにく》い。あらゆる点で欧米白人と非西洋人は天と地の差がある。もっとずばりといえば、非西洋人は人間以下の動物にすぎない。それゆえ欧米の白人が非西洋《ひせいよう》の動物を支配するのはごく当然である。一体どこが悪い。力なき劣等人種《れっとうじんしゅ》・野蛮人《やばんじん》が欧米人《おうべいじん》の奴隷・召使《めしつか》いとなるのは当り前ではないか。このような西洋文明を絶対とする独善的《どくぜんてき》・排他的《はいたてき》な考えを固く信じて疑わなかったのが当時の白人、欧米列強《おうべいれっきょう》であったのである。

こうした中でわが国だけが独立を固く守るのみならず、日露戦争《にちろせんそう》に勝ち陸海軍ともに世界一、二の最強国として毅然《きぜん》として立ちえたことは、非西洋唯一《ゆいいつ》の例外であり世界史の奇蹟《きせき》であったのである。私たちの先祖《せんぞ》はこの筆舌《ひつぜつ》に尽《つく》しがたい困難な大事業を、血と涙を流してやり遂《と》げたのである。

戦後の社会と学校の歴史教育は、明治維新《めいじいしん》に始まる近代日本のこうした努力を全く低く見てけなし続けてきた。明治維新の成就《じょうじゅ》・日露戦争の奇蹟的勝利・大《だい》東亜戦争《とうあせんそう》が導いた人種平等の世界の実現、これらの重大な歴史的意義について少年少女達に少しも教えず、逆に否定する歪曲《わいきょく》と偏向《へんこう》に満ちた教育がまかり通ってきた。自国の歴史と先祖の悪口を言う授業を聞いて喜ぶ子供がいるだろうか。

また最近、明治維新はあやまちであるとして、西郷隆盛《さいごうたかもり》や吉田松陰《よしだしょういん》を罵倒《ばとう》する書物《しょもつ》が出ている。明治維新を誤りであるとして否定《ひてい》することは、日本が欧米の植民地《しょくみんち》・隷属国《れいぞくこく》となることを肯定《こうてい》することである。これほど歴史の大筋《おおすじ》を見誤った偏見《へんけん》はない。

明治維新を正しく理解する上の根本的視点《こんぽんてきしてん》は二つある。一つは欧米列強《おうべいれっきょう》の侵略《しんりゃく》から、いかに日本の独立を守るか。国家民族の「生存《せいぞん》」という視点である。もう一つは天皇を国家の中心として戴《いただ》いてきた世界に比類《ひるい》のないわが国の「国体《こくたい》」をいかに守り抜くかである。二つは結局一つで、天皇をいただく日本民族の独立と生存である。わが国はその為に明治維新という唯一《ただひと》つの選択《せんたく》を行なったのである。これ以外に民族の生存、生き残りの道はありえなかったことを知らねばならない。

代表的日本人

世界中の人々が高く評価《ひょうか》してやまない近代日本の輝かしい出発である明治維新

の意義は限りなく深く大きい。この奇蹟《きせき》というべき明治維新《めいじいしん》の最大の功労者《こうろうしゃ》が西《さい》郷隆盛《ごうたかもり》である。

いかなる国家民族にも誇りとすべき歴史と人物がある。主な国の誇る代表的人物をあげてみよう。アメリカはワシントンとリンカーン、イギリスはネルソン、ドイツはフリードリヒ大王《だいおう》とビスマルク、フランスはナポレオン、ロシアはピョートル大帝《たいてい》、イタリアはカエサル、ヨーロッパ全体の英雄としてはアレクサンダー大王というところである。

ではわが国では誰であろう。皇室《こうしつ》を別として第一にあげられるべき人物は西郷隆盛である。もう一人あげるとすれば楠木正成《くすのきまさしげ》である。楠木正成と西郷隆盛が双《そう》璧《へき》だが、ただ一人あげるとするならば明治維新というわが国最大の変革《へんかく》を成就《じょうじゅ》する上に絶大《ぜつだい》な働きをした西郷《さいごう》である。西郷こそわが国を代表する偉人《いじん》の第一と私は考える。ちなみに世界で一番伝記が多いのはナポレオン、日本では西郷である。信長《のぶなが》・秀吉《ひでよし》・家康《いえやす》や坂本《さかもと》龍馬《りょうま》も全くかなわない。

明治の有名な宗教家である内村鑑三《うちむらかんぞう》は明治二十七年、『代表的日本人』を英文で書いて、西郷隆盛・上杉鷹山《うえすぎようざん》・二宮尊徳《にのみやそんとく》・中江藤樹《なかえとうじゅ》・日蓮《にちれん》の五人を紹介《しょうかい》したが、その筆頭《ひっとう》にあげた人物が西郷である。欧米《おうべい》で大きな反響《はんきょう》をよんだが、現代まで読み継《つ》がれている名著《めいちょ》である。内村はこうのべている。

「維新《いしん》における西郷の役割をあまさず書くことは、維新史の全体を書くことになるであろう。ある意味において明治元年《がんねん》の維新は西郷の維新であった。私は維新は西郷なくして可能であったかどうかを疑うものである」

欧米列強《おうべいれっきょう》が日本を隷属化《れいぞくか》しようと隙《すき》を狙《ねら》う中で困難を極《きわ》めた明治維新という千年に一度ともいうべき大事業は、西郷がいなければとうてい不可能であったに違いないとまで内村は言うのである。それほどの大人物だったから代表的日本人の第一にあげたのである。西郷は明治十年、西南戦争《せいなんせんそう》で悲劇の死を遂《と》げたが、内村は西郷に対して次のとむらいの言葉を捧《ささ》げた。

「彼を殺した者らがことごとく喪《も》に服《ふく》した。涙ながらに彼らは彼を葬《ほうむ》った。そして涙とともに彼の墓は今日にいたるまであらゆる人々によって訪《おとな》われている。かくのごとくにして武士の最大なるもの、また最後の（と私の思う）ものが世を去ったのである」

西郷《さいごう》こそ最高最大そうして最後の武士とするこの上ない絶賛《ぜっさん》である。日本第一の人物の悲劇の最期《さいご》に、内村もまた深く涙したのである。西郷が後世《こうせい》いかに多くの日本人から敬愛され仰慕《ぎょうぼ》されたか、もう一人の言葉を掲《かか》げよう。

「私が子供の時分《じぶん》に呼吸した精神的雰囲気《ふんいき》の中で、最も直接に濃厚《のうこう》に現実的に感化力《かんかりょく》が多かったものは何であるか。こう問われれば私は何の躊躇《ちゅうちょ》（ためらい）もなく、それは西郷隆盛《さいごうたかもり》であると答えるであろう。それは不思議な因縁《いんねん》（つながり）である。……私は北陬《ほくすう》（北の果て）荘内《しょうない》（山形県鶴岡《つるおか》）の寒村《かんそん》に生まれてまたそこで育った百姓《ひゃくしょう》の子である。彼は薩摩勤王軍《さつまきんのうぐん》の先鋒《せんぽう》（先陣《せんじん》）として荘内征討《せいとう》の軍を率《ひき》いた人である。荘内藩は徹頭徹尾《てっとうてつび》（始めから終りまで）佐幕《さばく》（幕府側に立つこと）に終始《しゅうし》して、ある時には江戸の薩摩屋敷に焼打《やきうち》をかけ、遂《つい》には最後まで踏留《ふみとど》まれる佐幕派として、薩軍《さつぐん》をその領地《りょうち》の入口にむかえてこれと戦ったものである。土地の懸《けん》絶《ぜつ》（かけ離れていること）からいっても頑強《がんきょう》に相争《あいあらそ》った歴史からいっても、彼の影響が最も及び難《がた》そうに見える荘内の地域に、彼の歿後《ぼつご》二十年を経《へ》てなおその精神的権威《けんい》が厳然《げんぜん》として遺存《いそん》（残ること）していたのは何故《なにゆえ》であるか。

　これは精神の力が伝播《でんぱ》（伝わり広まること）する径路《けいろ》について、男と男との魂の交渉《こうしょう》（交《まじわ》り、結びつき）の仕方《しかた》について一つの興味ある事例《じれい》とするに足《た》るであろう。彼の遺訓《いくん》（残した教え『西郷南洲遺訓《さいごうなんしゅういくん》』）は荘内藩士《しょうないはんし》によって伝えられ、たとえ彼自身の筆《ふで》に成《な》るものではないにせよ、彼の精神心術《しんじゅつ》（心もち・人格）信念を後世《こうせい》に刻印《こくいん》（印《しるし》を刻《きざ》むこと）する点においては恐《おそ》らく最も有力な文献《ぶんけん》である。荘内藩の子弟《してい》（年少者・若者）はこの遺訓によって訓練陶冶《くんれんとうや》（練磨《れんま》し鍛《きた》えること）せられ、それは私の小学校を卒業する頃にもなお教科書以外の生きた教科書として実際の感化《かんか》力《りょく》を持っていた。

　西郷隆盛《さいごうたかもり》のような人間になりたいという願いが、小学生の私の中に深く植《う》えつけられた。それは陸軍大将《りくぐんたいしょう》になるとか総理大臣《そうりだいじん》になるとか、外面的《がいめんてき》な権勢《けんせい》（権力《けんりょく》・勢力《せいりょく》）や位階《いかい》（地位）を理想としがちな子供の時代にあっては、容易《ようい》に発見し難《がた》き内的《ないてき》な野心《やしん》（こころざし）である。私は幼少《ようしょう》の時代に既にこの内《うち》に喰《く》いこむ刺戟《しげき》を与えられたことを深く南洲《なんしゅう》先生（南洲は西郷の別名・号《ごう》）に感謝する。そうしてその後今日にいたるまで、西郷隆盛《さいごうたかもり》の話といえば私はいつでも特別の注意をもって聴耳《ききみみ》をそばだてる人間となっているのである」(阿部次郎《あべじろう》・東北大教授)

荘内《しょうない》に生まれた阿部次郎は小学生の時、『西郷南洲遺訓《さいごうなんしゅういくん》』に深い感化《かんか》を受け、これにより自己の人格を磨《みが》き、「西郷隆盛のような人間になりたい」という願いを起こしたと言う。それは世間的な高い地位や名声《めいせい》を求めることとは反対の清らかな魂の願いである。かたいなかの小学生の魂を振《ふる》い起こさせた『西郷南洲遺訓』を後世《こうせい》に残した西郷隆盛とは、いかなる人物であったろうか。

郷中頭《ごじゅうがしら》——人々から敬愛《けいあい》された西郷《さいごう》

西郷隆盛は文政《ぶんせい》十年(一八二七)十二月七日、鹿児島城下《じょうか》で薩摩藩《さつまはん》の下級武士の家に生まれた。名前は吉之助《きちのすけ》、七人兄弟の長男で弟と妹が三人ずついた。西郷は心身《しんしん》ともにすこやかに成長した。青年時、身長一八〇センチ、体重百キロ以上という堂々たる体格で、人の倍ほどもある大きな目が黒々と輝く、男惚《おとこぼ》れのする実に立派な容貌《ようぼう》の持主《もちぬし》であった。誰もが一目見ただけで、この世に稀《まれ》な人物との強烈《きょうれつ》な印象を与えずにはおかなかった。友達が西郷につけたあだ名が「ウド目《め》（巨大な目玉）」である。

西郷は体だけではなく、心も大きく人並《ひとなみ》すぐれていた。何より誠実《せいじつ》で愛情と同情心がひときわ深く謙虚《けんきょ》で慎《つつし》みがある上に、度量《どりょう》が広く寛大《かんだい》だった。心のやさしい西郷は人と争うことを好まなかった。評判《ひょうばん》の乱暴者《らんぼうもの》が家の前を通るときは、争いを避《さ》けるためその少年が通り過ぎるのを待って門を出たものである。だが西郷は強い正義感と道義心《どうぎしん》をもち、いかなる困難をも払いのけて突き進む並びなき勇気と胆力《たんりょく》の持主でもあった。また頭脳・知慮《ちりょ》・見識《けんしき》（知恵・思慮《しりょ》）も抜きん出ていた。弟の西郷従道《さいごうじゅうどう》は「薩州《さっしゅう》第一の智者《ちしゃ》」と言っている。数百年間に培《つちか》われた薩摩武士道《さつまぶしどう》の結晶《けっしょう》であり、薩摩武士の模範《もはん》であり、武士として人間として最も素晴らしい性質を数多くもつ人物であった。後に西郷を見出《みいだ》した島津斉彬《しまづなりあきら》は、「天成《てんせい》の仁者《じんしゃ》（生まれつき自然にでき上《あが》った愛情深い人物）」と言っている。そのような人物であったから、仲間から敬愛され、下の者に慕《した》われ、上の者から信頼されて自然にみんなの上に立てられる人物になってゆくのである。わが国の歴史において今日まで、西郷《さいごう》ほど万人《ばんにん》から敬愛《けいあい》され仰慕《ぎょうぼ》されてきた人物はほかにいない。これまで多くの日本人は「西郷さん」とさんづけで呼んできた。そのような人物はほかに「楠公《なんこう》さん」（楠木正成《くすのきまさしげ》）があるくらいである。

薩摩《さつま》には数百年の伝統をもつ「郷中《ごじゅう》教育《きょういく》」とよばれる武士道教育があった。鹿児島城下の各町を「○○郷中《ごじゅう》」とよび、各郷中《ごじゅう》が武士の子弟《してい》の教育を行なうのである。六歳ごろになると稚児組《ちごぐみ》に入《はい》り、次に十一歳ごろ長稚児組《おせちごぐみ》に進む。十五歳前後の元服《げんぷく》（この時代の武士の成人）後《ご》は二才組《にせぐみ》に入り、二十代前半の妻帯時《さいたいじ》までこれに属《ぞく》する。稚児は長稚児が、長稚児は二才が指導し、二才の中から選ばれ二《に》才頭《せがしら》（郷中《ごじゅう》頭《がしら》ともいう）が郷中の全責任を負《お》う。西郷は下加治屋《しもかじや》郷中の郷中頭を長年務めた。

郷中教育では心身《しんしん》の鍛錬《たんれん》、文《ぶん》武両道《ぶりょうどう》の教育が年長者《ねんちょうしゃ》の指導のもとに約二十年間厳しく行なわれた。ここで少年たちに教えこまれた大切なことをあげよう。

誠実《せいじつ》・正直なこと、嘘《うそ》を言わないこと、恐《おそ》れないこと、負けないこと、恥《はじ》を知ること、礼儀《れいぎ》正しいこと、弱い者いじめをしないこと、約束を守ること、人にやさしく親切にすること、困っている人を助けてあげること、明朗《めいろう》なこと、言葉を慎《つつし》むこと、人の悪口を言わないこと、下品《げひん》なことといやしいことを言わないこと、無駄口《むだぐち》を言わないこと等である。そうして両親を敬愛し親孝行《おやこうこう》をすることと主《しゅ》君《くん》に忠義《ちゅうぎ》・忠誠《ちゅうせい》を尽《つく》すことは、言うまでもない倫理道徳《りんりどうとく》の根本《こんぽん》であった。つまり気高《けだか》い人格と品性《ひんせい》を持つ武士、人間を造り上げることである。ここにあげられていることはみな今でも通用する人間が守らねばならない倫理道徳である。

西郷隆盛《さいごうたかもり》を郷中頭とする下加治屋郷中の少年たちは厳しい中にも楽しく面白い忘れがたい生活の中で、鍛《きた》えられ磨《みが》かれていった。この下加治屋郷中からは西郷始め大久保利通《おおくぼとしみち》、西郷従道《さいごうじゅうどう》、大山巌《おおやまいわお》、黒木為楨《くろきためもと》、東郷平八郎《とうごうへいはちろう》など明治維新《めいじいしん》や日《にち》露戦争《ろせんそう》において活躍するすぐれた人物を幾人《いくにん》も生み出した。

西郷は苦しい家計《かけい》を助けるため十八歳の時から十年間、藩の下級役人として勤《つと》めに出た。農村と農民にかかわる役目だが、これが西郷の人格形成《けいせい》に大きな影響を与えた。西郷は村々の貧しい人々、生活に苦しむ人々、病気の人々らに深く同情して少しでもその苦しみを取り除くことに長年つとめた。こんな話が残されている。仕事である農家に泊《とま》ったところ、夜中《やちゅう》に家人《かじん》の声が洩《も》れてきた。それは年貢《ねんぐ》を支払う金に困って、日ごろ農作業で働いてくれる馬を手放さなければならなくなり、家の人たちが泣く泣く馬に別れを惜《おし》んでいるところであった。西郷《さいごう》はその晩少しも眠れなかった。役所にもどった西郷は上役《うわやく》にその家の年貢を減らすよう訴《うった》えたところ、それが聞き届けられた。不幸な人、弱い立場の人を見たとき、これに心から同情して助けずにおられないのは西郷の天性《てんせい》であった。

名君島津斉彬《めいくんしまづなりあきら》との出会い

西郷は役所につとめつつもう一方で郷中頭《ごじゅうがしら》をやりながら、日々学問に励み坐禅《ざぜん》の修行《しゅぎょう》にも打ちこみ自分を磨《みが》くことを怠《おこた》らなかった。波乱《はらん》のない平和時《へいわじ》なら身分《みぶん》のごく低い西郷は日本の歴史に登場《とうじょう》することはなかったに違いないが、時代はかつてない危機《きき》、国難《こくなん》に向っていたから、ここに名君島津斉彬との運命的な出会《であ》いを迎《むか》えるのである。

西郷が二十五歳の時に藩主《はんしゅ》となったのが島津斉彬である。様々な障害《しょうがい》を乗り越えて四十三歳のときようやく藩主になったが、斉彬《なりあきら》は近代日本の出発にあって最も重要な働きをした最大の先覚者《せんかくしゃ》である。日本の危機を誰よりも憂《うれ》え、わが国が欧米《おうべい》に支配されないようにする為に一大改革を行ない、薩摩藩《さつまはん》を全国三百藩中第一の有力な藩に変え、日本が近代国家として生まれ変るための手本《てほん》をわずか七年間で作り上げた人物であり、江戸時代の生んだ最高の藩主《はんしゅ》・名君《めいくん》の一人である。

斉彬《なりあきら》は藩士《はんし》の中で自分の片腕《かたうで》となる真《しん》に役に立つ部下を求めたが、斉彬の心にかなう人物がなかなか見つからなかった。しかし数万人もいる家来《けらい》の中からついに極《きわ》めて身分の低い西郷を見つけ出したのである。斉彬は一目《ひとめ》で西郷がこの世にめったにいない人物であることを見抜き、強く惚《ほ》れこみ深い愛情を注《そそ》いだ。「庭方役《にわかたやく》」という役目《やくめ》を与えいつでも呼び出して西郷と語り合った。斉彬は煙草《たばこ》を吸《す》ったがきせるの灰《はい》を火鉢《ひばち》にたたき落してつめかえる際《さい》、西郷と話している時はとりわけはずんだ音がしたという。斉彬《なりあきら》にとり西郷《さいごう》と語らう時ほど楽しいことはなかったのである。斉彬は西郷を見出《みいだ》した喜びを親しい大名仲間《だいみょうなかま》である越《えち》前《ぜん》(福井)の松平慶永《まつだいらよしなが》に手紙でこう書いている。

「私、家来《けらい》は多数おりますが、誰も真《しん》に役立つ者はいません。しかし唯一人《ただひとり》西郷《さいごう》隆盛《たかもり》という者がおりますが、彼は薩摩藩《さつまはん》の貴重《きちょう》な大宝《たいほう》であります。だが彼は独立の気象《きしょう》(一人で立つ確固不動《かっこふどう》の信念《しんねん》の持主《もちぬし》ということ)がありますので、彼を使いこなすことができる者は私だけです」

斉彬は西郷を「貴重な大宝」とのべ、類《たぐ》い稀《まれ》な人物と絶賛《ぜっさん》するとともに、この西郷を使うことの出来《でき》る人間は自分だけだというのである。「英雄《えいゆう》、英雄を知る」とはこのことである。幕末日本のかつてない国難《こくなん》の時代に、島津斉彬《しまづなりあきら》と西郷隆盛という二大偉人が主従《しゅじゅう》、師弟《してい》の絆《きずな》を結んだことが、日本の新生の礎《いしずえ》となるのである。斉彬は当時多くの人々から深く尊敬された水戸《みと》の藤田東湖《ふじたとうこ》にも、「私は近頃よいものを手に入れました。それは西郷隆盛という家臣《かしん》です」と言っている。西郷は斉彬の誇りであり、自慢《じまん》の種《たね》であった。

西郷は身分《みぶん》低き自分を見出《みいだ》して、かくも高く評価《ひょうか》し特別の親愛と信頼を寄せる斉彬の殊遇《しゅぐう》（特別の待遇《たいぐう》）に心から感激、感泣《かんきゅう》して、斉彬を神のように仰《あお》ぎ師とも親とも思う気持で忠誠《ちゅうせい》を尽《つく》した。二十八歳の時である。

ちょうどそのころアメリカのペリーが来航《らいこう》して徳川幕府《とくがわばくふ》に開国を要求した。ペリーが強力な軍事力をもって幕府を威嚇《いかく》した結果、締結《ていけつ》されたのが日米和親《にちべいわしん》条《じょう》約《やく》である。四年後ハリスが来日、次いで日米修好通商《にちべいしゅうこうつうしょう》条約《じょうやく》が結ばれた。この条約は日本に関税自主権《かんぜいじしゅけん》が認められず、アメリカに治外法権《ちがいほうけん》を許す重大な欠陥《けっかん》を持つ不平等条約であった。ところが大老井伊直弼《たいろういいなおすけ》は孝明天皇《こうめいてんのう》の詔勅《しょうちょく》に違反《いはん》して条約の調印《ちょういん》（「違勅調印《いちょくちょういん》」という）を強行《きょうこう》したので大問題となった。しかし井伊《いい》は少しも反省することなく、幕府の独裁専制政治《どくさいせんせいせいじ》を批判する徳川斉昭《とくがわなりあき》、一橋慶《ひとつばしよし》喜《のぶ》、松平慶永《まつだいらよしなが》、吉田松陰《よしだしょういん》、橋本左内《はしもとさない》らを厳しく処罰《しょばつ》した。これが安政《あんせい》の大獄《たいごく》である。

このとき島津斉彬は井伊の非道《ひどう》な独裁政治《どくさいせいじ》を許せないと思い、井伊を排除《はいじょ》し幕府の政治のあり方を根本的に改革しようとして、非常の決意をもって立ち上がろうとした。しかし安政《あんせい》五年（一八五八）七月、突然亡くなるのである。薩摩藩《さつまはん》の中には斉彬《なりあきら》のやり方に批判的で幕府にたてつくことをいやがり危険視《きけんし》する勢力《せいりょく》が根強《ねづよ》くあった。その人々が斉彬に毒を盛《も》って殺した疑いが濃厚《のうこう》である。

2、日本の新生《しんせい》を目指《めざ》して

雪に耐《た》えて梅《ばい》花《か》麗《うるわ》し——二度の遠島《えんとう》

島津《しまづ》斉彬《なりあきら》の死を京都で知った西郷《さいごう》は言いようのない悲しみに沈み、絶望のどん底にたたき落《おと》された。斉彬《なりあきら》あっての西郷だったから、斉彬のいないこの世に生きる気力を失い、そのあとを追って死のうとした。それを見て強く諫《いさ》めたのが、京都の清水寺《きよみずでら》の僧月照《そうげっしょう》である。月照は尊皇心《そんのうしん》の厚《あつ》い高徳《こうとく》の人物で、西郷と親しい同志的《どうしてき》交《まじわ》りをしてきた。西郷は泣く泣く思いとどまり、斉彬の志《こころざし》を継《つ》ぐことを月照《げっしょう》に誓《ちか》った。

幕府《ばくふ》の弾圧《だんあつ》は月照にも及《およ》んだため、西郷《さいごう》は月照を薩摩《さつま》にのがした。ところが斉彬《なりあきら》死後の薩摩藩《さつまはん》は一変《いっぺん》して、幕府を恐れ月照を厄介者《やっかいもの》として受け入れず、藩外《はんがい》に追い出す間際《まぎわ》に殺害《さつがい》しようとした。月照を見殺しにできない西郷は、月照を保《ほ》護《ご》できなかったことの責任を深く感じて十一月の月夜の美しい日、月照と相抱《あいいだ》いて舟の上から薩摩湾《わん》にとびこむのである。この誠意《せいい》と同情心《どうじょうしん》と責任感が西郷の本性《ほんしょう》であった。

こうして月照は亡くなった。ところが不思議にも西郷は生き返った。月照だけ死なせて自分は死にそこなったことを西郷は心から恥《は》じた。人一倍良心《りょうしん》の強い西郷は自分を責《せ》めに責めた。

そのあと西郷は藩より奄美大島《あまみおおしま》へ行くよう命ぜられた。西郷にも幕府から逮捕《たいほ》状《じょう》が出ていたので、藩は月照とともに西郷も死んだことにしてしばらくの間、大島に身を潜《ひそ》ませたのである。斉彬の去った薩摩藩では西郷もまた厄介者扱いをされるのである。

西郷は大島で三年間暮らしやがて呼《よ》び戻《もど》された。しかしその時薩摩藩の事実《じじつ》上《じょう》の藩主《はんしゅ》であった島津久光《しまづひさみつ》の怒りにふれて再び島流しにあい、今度は重罪人《じゅうざいにん》として沖永良部島《おきのえらぶじま》に送られた。久光《ひさみつ》は出来《でき》るなら西郷を死刑《しけい》にしたかった。斉彬の寵臣《ちょうしん》（可愛がられた家臣《かしん》）だったから殺すわけにはいかなかったが、当初《とうしょ》は西郷を一生この島から戻《もど》す気持はなかったのである。

西郷は斉彬からは親子のような愛情を受けたが、久光からはまるで親の敵《かたき》のようにこのあと死ぬまで憎悪《ぞうお》された。斉彬は類《たぐ》い稀《まれ》な大人物だったが、久光は斉彬の足もとにも及ばない自己中心で誠《まこと》の心の薄《うす》い思いやりの欠けた冷酷《れいこく》で暗愚《あんぐ》な人物であった。斉彬は西郷をこの世に二人とない英雄と見たが、久光は西郷を自分に反逆《はんぎゃく》する不忠者《ふちゅうもの》、裏切者《うらぎりもの》と見た。久光は西郷の偉さが少しもわからなかった。だから西郷を殺すか、それができないなら一生島から出られないようにしたかったのである。日本の国難《こくなん》を真《しん》に憂《うれ》え祖国を新生《しんせい》させ独立を堅持《けんじ》する道において、西郷の考え、やり方に終始異《しゅうしい》を唱《とな》え立ちはだかったのが久光であった。このような主君《しゅくん》をいただいて明治維新《めいじいしん》の大業《たいぎょう》を推進《すいしん》しなければならなかったところに、西郷《さいごう》一生の困難と苦悩《くのう》があったのである。
西郷の遠島《えんとう》時代は前後合わせて約五年間である。後半は辛苦《しんく》に満ちた牢獄《ろうごく》生活だった。しかし西郷の人物、人格はこの遠島生活でさらに一層練磨《いっそうれんま》されるのである。読書に励み、静坐《せいざ》・坐禅《ざぜん》に明暮《あけく》れひたすら自己を省《かえり》み修養《しゅうよう》につとめた。次の詩は遠島生活の体験をもとにしている。

一貫《いっかん》す唯々《いい》の諾《だく》
従来《じゅうらい》鉄石《てっせき》の肝《きも》
貧居《ひんきょ》傑士《けっし》を生《しょう》じ
勲業《くんぎょう》多難《たなん》に顕《あら》わる
雪《ゆき》に耐《た》えて梅花《ばいか》麗《うるわ》しく
霜《しも》を経《へ》て楓葉《ふうよう》丹《あか》し
如《も》し能《よ》く天意《てんい》を知《し》らば
豈《あに》敢《あえ》て自《みずか》ら安《やす》きを謀《はか》らんや

（国のため世のためにつくす自分の鉄石のごとき意志と信念は、終始一貫不動《しゅうしいっかんふどう》である。貧しい家からすぐれた人物が生まれ、困難・逆境・試練《しれん》を乗《の》り越《こ》えて立派な仕事が達成《たっせい》される。梅の花は百花《ひゃっか》のさきがけとして、厳冬《げんとう》の雪の中に香《かお》り高く咲きにおう。秋の楓《かえで》は霜《しも》がおりてから鮮《あざや》かに紅葉《こうよう》する。梅の花や楓も困難・試練を経《へ》て美しく花開きあるいは紅葉する。人間もまた同じだ。艱難辛《かんなんしん》苦《く》・逆境・試練こそ人間を鍛《きた》えに鍛え磨《みが》き上げるのだ。人間の命の本源《ほんげん》である天あるいは神の心を知るならば、どうして安易《あんい》で怠惰《たいだ》な生き方ができようか。）

およそ歴史上の偉大な人物はみなこうした艱難・試練を受けている。逆にあまり苦労のない試練の足りない温室育ちの人は、いかにすばらしい素質や才能があってもそれだけでは決して立派な人間とはなりえないということである。沖永良《おきのえら》部島《ぶじま》で作った詩に次のものがある。

朝《あした》に恩遇《おんぐう》を蒙《こうむ》り　夕《ゆうべ》に焚阬《ふんこう》せらる
人生《じんせい》の浮沈《ふちん》　晦明《かいめい》に似《に》たり
縦《たと》え光《ひかり》を回《めぐ》らさずとも　葵《あおい》は日《ひ》に向《むか》い
若《も》し運《うん》を開《ひら》くこと無《な》くも　意《こころ》は誠《まこと》を推《お》す
洛陽《らくよう》の知己《ちき》　皆鬼《みなおに》と為《な》り
南嶼《なんしょ》の俘囚《ふしゅう》　独《ひと》り生《せい》を窃《ぬす》む
生死《せいし》何《なん》ぞ疑《うたが》わん　天《てん》の附与《ふよ》なるを
願《ねが》わくは魂魄《こんぱく》を留《とど》めて　皇城《こうじょう》を護《まも》らん

（名君島津《めいくんしまづ》斉彬《なりあきら》からは深い恩恵《おんけい》を受けたが、今は久光《ひさみつ》から島流しの憂《う》き目《め》にあっている。人生《じんせい》の好運《こううん》と不運《ふうん》はまるで月が満ちたり欠けたりする有様《ありさま》に似ている。しかし日の光がめぐってこなくても葵《あおい》の花は太陽に向う。それゆえ私もまた不遇《ふぐう》のまま世に出られなくても、まことの心を尽《つ》くして生き抜こう。京都や江戸で志《こころざし》を同じくした斉彬公《なりあきらこう》始め橋本左内《はしもとさない》、月照《げっしょう》らはみなもうこの世にいない。南島《なんとう》に流された私一人が生《せい》をむさぼって生きている。しかし人間の生死は人知《じんち》のはからいを超えたものであり、それは天の与えるものだ。だからたとえこの島を出られずここで朽《く》ち果《は》てようとも、私の魂《たましい》は日本の国土《こくど》に永遠にとどまり、都におわします天皇様をお護りしよう。）

わが国で最もすぐれた漢詩《かんし》を作った一人が西郷《さいごう》だが、ここにあげた二つは西郷の詩の代表である。この二つの詩に西郷の人柄がゆかしく薫《かお》っている。

薩長同盟《さっちょうどうめい》

徳川幕府《とくがわばくふ》は日本の危機を憂《うれ》えて国のために誠《まこと》を捧《ささ》げた吉田松陰《よしだしょういん》や橋本左内《はしもとさない》を死刑《しけい》にしたり、西郷や月照を処罰《しょばつ》しようとした。その一方、日本をやがて植民地《しょくみんち》・隷属国《れいぞくこく》として支配しようとする欧米列強《おうべいれっきょう》の脅迫《きょうはく》・威嚇《いかく》に屈《くっ》して彼らの言いなりになり不平等条約に違勅《いちょく》調印《ちょういん》した。真《しん》に国《くに》を憂《うれ》える愛国者を処罰し、日本を侵略《しんりゃく》・支配せんとする欧米には屈従《くつじゅう》する。強いものにはこびへつらい、弱いものには、威張《いば》りかえっていじめる。これが徳川幕府《とくがわばくふ》の実体《じったい》であった。徳川幕府は果《はた》して日本の独立を守り抜くことができる政府なのか。日本と日本人にとってふさわしい政府なのか。独立国家としての毅然《きぜん》たる自覚《じかく》と誇りが少しも感じられない幕府の政治外交がこのまま続くならば、日本は遠からず欧米《おうべい》に征服《せいふく》されてしまうほかはない。心ある人々はこのようにわが国の現状《げんじょう》を心の底から憂《うれ》え、祖国日本の滅亡――植民地化・隷属化《れいぞくか》――を何としても阻止《そし》しようとして立ち上ったのである。それが「志士《しし》」といわれる少数の武士たちであった。

志士たちは「尊皇攘夷《そんのうじょうい》」をとなえた。第二巻の吉田松陰《よしだしょういん》のところで詳《くわ》しくのべたが、尊皇とは天皇を尊敬すること、攘夷とは欧米列強を打ち払うことである。つまり日本国家の中心である天皇を仰《あお》ぎ戴《いただ》いて日本を一つにまとめ、日本を征服し支配しようとしている欧米列強の侵略を払いのけ、わが国の独立と生存《せいぞん》を守り抜くという精神である。そして志士たちは、徳川幕府はとうてい日本の独立を堅持《けんじ》する精神も力もないと思ったから、幕府をなくす倒幕《とうばく》・討幕《とうばく》運動に命がけで立ち上ったのである。この運動が本格的《ほんかくてき》に起こされたのはわずかに薩摩《さつま》・長《ちょう》州《しゅう》・土佐《とさ》の三藩《ぱん》だけであった。長州では吉田松陰の松下村塾《しょうかそんじゅく》に学んだ久坂玄瑞《くさかげんずい》や高杉晋作《たかすぎしんさく》、土佐では坂本龍馬《さかもとりょうま》ら土佐勤王党《とさきんのうとう》の人々、薩摩では西郷《さいごう》が中心だった。

西郷は元治元年《げんじがんねん》（一八六四）、五年間の遠島《えんとう》生活からようやく復帰《ふっき》して、藩《はん》の中心的指導者となった。西郷を嫌悪《けんお》する島津久光《しまづひさみつ》は島から戻《もど》したくなかったが、この幕末の重大な時期において衆望《しゅうぼう》（多くの人の望み）の厚い西郷なくして藩の方針を立てられず、しぶしぶいやいやながらよび返したのである。島から戻《もど》った西郷はやがて上京《じょうきょう》して、二人の人物に出会った。勝海舟《かつかいしゅう》と坂本龍馬《さかもとりょうま》である。恩師《おんし》の海舟の紹介《しょうかい》で西郷に会った龍馬は西郷についてこうのべている。

「西郷はお寺の釣《つ》り鐘《がね》のような男です。小さくたたけば小さく響《ひび》き、大きくたたけば大きく響きます。もし馬鹿なら大きな馬鹿で、利口《りこう》（賢《かしこ》いこと）なら大きな利口です」

有名な言葉である。海舟はこの言葉にいたく感心して、西郷はさすがに大人物であり、また西郷《さいごう》をこのように見た龍馬《りょうま》も大した男とほめた。龍馬は初対面《しょたいめん》で西郷に心服《しんぷく》、以後西郷の言行《げんこう》を手本《てほん》として見習《みなら》った。西郷もまた自分とどこか似通《にかよ》ったところのある龍馬の純朴《じゅんぼく》（純粋《じゅんすい》で素朴《そぼく》なこと）な人柄を親愛《しんあい》した。

そのあと西郷は海舟《かいしゅう》に会った。海舟もまた西郷に感嘆《かんたん》、「今日までに西郷ほどの人物は二人と見たことはない」とほめたたえた。西郷もまた海舟を大人物と見て、「勝先生にひどく惚《ほ》れました」と同志《どうし》への手紙に書いている。二人は初対面で肝胆相照《かんたんあいて》らしたのである。この両者の出会《であ》いが三年半後の西郷・勝談判《だんぱん》を成就《じょうじゅ》させるもとになった。

この元治元年《げんじがんねん》は禁門《きんもん》の変《へん》と幕府《ばくふ》による第一次長州征伐《ちょうしゅうせいばつ》という大事件が起きたが、西郷は薩摩藩《さつまはん》を代表する指導者として行動方針を立て藩《はん》を誤りなく導いた。禁門の変において不幸にも薩摩と長州《ちょうしゅう》は敵味方《てきみかた》に分れて戦ったが、西郷には長州を憎む気持は少しもなく、逆に長州と提携《ていけい》する道を探《さぐ》った。

その結果、慶応《けいおう》二年（一八六六）正月、薩摩と長州が手を握り合う薩長同盟《さっちょうどうめい》が成立《せいりつ》した。このとき坂本龍馬が仲介役《ちゅうかいやく》として活躍したが、薩長の提携・協力・

同盟のために最も心を砕《くだ》いて尽力《じんりょく》したのは西郷であった。こうして薩摩と長州は歩調《ほちょう》を合わせて幕府打倒《だとう》、明治維新《めいじいしん》に向って前進を開始した。

幕府はこのような両藩《りょうはん》を警戒《けいかい》し厳しく見張《みは》っていたが、ことに長州を敵視《てきし》して討《う》ち滅《ほろ》ぼそうとした。それが慶応《けいおう》二年六月に起こされた第二次長州征伐《ちょうしゅうせいばつ》（長州では四境戦争《しきょうせんそう》という）である。しかしこの時すでに薩長同盟が結ばれていたから、幕府側は奮《ふる》わず連戦連敗、長州藩に敗れた。この時大活躍したのが高杉晋作《たかすぎしんさく》である。

大政奉還《たいせいほうかん》――徳川慶喜《とくがわよしのぶ》の野心《やしん》と策謀《さくぼう》

慶応三年（一八六七）十月、第十五代将軍徳川慶喜は突如《とつじょ》、幕府をなくしてこれまで朝廷《ちょうてい》から委任《いにん》されていた日本を統治《とうち》する権限《けんげん》を朝廷に返上《へんじょう》する「大政奉還《たいせいほうかん》」を行なった。慶喜の魂胆《こんたん》（心のうち、たくらみ）は何《なん》であったか。幕府がなくなると、天皇の政治が復活《ふっかつ》（これを「王政復古《おうせいふっこ》」という）して天皇政府ができる。その場合、天皇政府は天皇を上《かみ》に戴《いただ》いて当時の有力な藩主達《はんしゅ》（諸侯《しょこう》という）の会議によって運営されると考えられた。

慶喜《よしのぶ》は征夷大将軍《せいいたいしょうぐん》をやめても徳川八百万石《ごく》の藩主の地位がある。二番目の石高《こくだか》を持つのが加賀藩《かがはん》で百万石である。大名として最も有力であり、その上慶喜は薩摩《さつま》や長州《ちょうしゅう》などいかなる雄藩《ゆうはん》（勢力《せいりょく》の強い藩）の藩主と比べてもその能力、手腕《しゅわん》はとび抜けていると思われていた。慶喜自身もそう思い自信満々であった。従って幕府をなくして征夷大将軍の地位からおりても、天皇政府の諸侯会議《しょこうかいぎ》の主役、中心者となり新政府の主導権《しゅどうけん》を握ろうとしたのである。わかりやすく言えば、天皇の下《もと》で総理大臣《そうりだいじん》になろうとしたのである。征夷大将軍から総理大臣になり、天皇政府の実権《じっけん》を握《にぎ》り最高の実力者となることが慶喜の抱《いだ》いた大きな野心《やしん》、策謀《さくぼう》であったのである。

ところが親藩大名《しんぱんだいみょう》、譜代《ふだい》大名、幕臣《ばくしん》のほとんどすべては、慶喜の大政奉還《たいせいほうかん》に絶対反対であった。なぜであろうか。今日の私たちは徳川幕府が倒れて王政復古《おうせいふっこ》が行なわれ明治維新《めいじいしん》が成立したのはごく当然の歴史の流れと見ているが、当時のほとんどの人々はそう思わなかった。

慶応《けいおう》三年（一八六七）秋から明治元年《めいじがんねん》（一八六八）春にかけての半年間で、大政奉還――王政復古の大号令《だいごうれい》――鳥羽伏見《とばふしみ》の戦《たたか》い――西郷《さいごう》・勝《かつ》の談判《だんぱん》――江戸《えど》無血開城《むけつかいじょう》――明治維新の成立とめまぐるしく歴史は大きく回転《かいてん》するが、誰もが明治維新がこの短期間に一気《いっき》に成《な》し遂《と》げられるとは全く想像もつかなかったのである。

徳川幕府は二百六十数年も続いた。源頼朝《みなもとのよりとも》の鎌倉幕府の時から数えると幕府政治は約七百年間である。幕府側の人々は言うまでもなくほとんど全ての日本人にとって、徳川幕府はなかば不滅《ふめつ》の存在であり、幕府が存在しない日本を思いえがくことは考えられなかったのである。

幕府の中心に立っていた人々の考えは、幕府を永遠に存続《そんぞく》させるため、たがのゆるんだ現在の幕府を強化《きょうか》して徳川家を中心とした強力な中央集権国家《ちゅうおうしゅうけんこっか》を作ることであった。江戸時代の日本は幕府と約三百の藩との連合体《れんごうたい》であり、藩は幕府の命令には従ったが、藩の政治は自治《じち》が認められた半独立国といってよかった（これが封建制度《ほうけんせいど》とよばれた）。それゆえこの藩をすべてなくし封建制度を廃止して郡県制《ぐんけんせい》を敷《し》く。将軍を欧米《おうべい》の大統領のような存在にして全国を支配する。ことに幕府に反抗的な藩は薩摩《さつま》と長州《ちょうしゅう》だから、まず最初に長州を攻め滅ぼそうとして、二度にわたり長州征伐《ちょうしゅうせいばつ》を行なった。長州の次には薩摩を討《う》つ。長州と薩摩さえ片づければ、他の諸藩は幕府に刃向《はむか》う意志も力もないから幕府の思い通り始末《しまつ》できる。

こうした考えに立つ幕府の主流派《しゅりゅうは》は、フランスと手を結びその支援《しえん》を得て幕府の根本的改革を推《お》し進《すす》めていた。まずフランスの強力な援助、指導により軍制《ぐんせい》を一新、近代的な陸軍を備えつつあった。またフランスの援助で横須賀《よこすか》に製鉄所《せいてつしょ》・造船所《ぞうせんしょ》も建設された。フランスの駐日公使レオン・ロッシュは幕府に深く喰《く》い入《い》り、幕政《ばくせい》の最高顧問《さいこうこもん》、指南役《しなんやく》（指導者）の観《かん》を呈《てい》していた。このように幕府は幕府なりの改革を行ないつつあったから、ほとんどの幕臣《ばくしん》が慶喜《よしのぶ》の大政奉還《たいせいほうかん》をもってのほかの愚行《ぐこう》の極《きわ》みとして猛反対《もうはんたい》したのは、彼らの気持に立つなら無理はなかったのである。しなくてもよいことをする慶喜ほど、幕臣に嫌われた将軍はいない。

従って西郷《さいごう》ら志士《しし》たちが幕府を倒して明治維新《めいじいしん》を実現することは難事中《なんじちゅう》の難事であり、ほとんどの日本人から見るならばとうてい正気《しょうき》の沙汰《さた》(正常なまともな行為)とは考えられず白昼夢《はくちゅうむ》と思われたのである。

王政復古《おうせいふっこ》の大号令《だいごうれい》——薩長《さっちょう》に同調《どうちょう》する藩なし・討幕《とうばく》に反対だった島津久光《しまづひさみつ》

朝廷《ちょうてい》は慶喜の大政奉還を受け入れて慶応《けいおう》三年(一八六七)十二月九日、ここに王政復古の大号令が出された。約七百年間続いてきた幕府政治に幕がおろされ、天皇・朝廷によるわが国本来の政治が復活《ふっかつ》したのである。

しかしこの王政復古が成功すると思った藩は薩長《さっちょう》以外になかった。薩摩と長州に同調《どうちょう》する藩はほとんどなかった。昔の建武《けんむ》の中興《ちゅうこう》の二の舞《まい》を演《えん》じて失敗《しっぱい》するに違いないと思ったのである。朝廷の公家《くげ》たちの大半もそうだった。七百年間も幕府に政治を委任《いにん》してきたから、突然返還《へんかん》されてうろたえた。当時のほとんど全ての人々が幕府の半永久的な存続《そんぞく》を信じていたから、旧幕府側から当然反撃《はんげき》され、幕府政治に舞戻《まいもど》るに違いないと思った。このあと旧幕府側からの抵抗が活発となり、ついに鳥羽伏見《とばふしみ》の戦いを迎えるのである。

この前後、朝廷《ちょうてい》の多くの公家《くげ》たちは西郷《さいごう》らを疫病神《やくびょうがみ》(伝染病をもたらす悪神《あくしん》)のような目で見、蛇蝎《だかつ》(へび・さそり)のごとく嫌悪《けんお》して近づかなかった。旧幕府軍が京都に攻め上《のぼ》り薩長軍《さっちょうぐん》を打ち破った場合、薩長に同調した公家は厳しく処罰《しょばつ》されるに決まっているから、西郷らを忌《い》み嫌《きら》ったのである。鳥羽伏見の戦いに勝った時、これらの公家は手《て》の平《ひら》を返して西郷に対して戦勝を祝う言葉を並べたてた。これが当時の偽《いつわ》らざる空気である。今日の目で当時の歴史を見てはならないのである。

では薩摩《さつま》・長州《ちょうしゅう》の二藩はどうだったのか。藩を挙《あ》げて討幕《とうばく》、明治維新《めいじいしん》に突《つ》き進《すす》んだのか。まず長州から見よう。藩の大半はお家大事派《いえだいじは》であり幕府に反抗《はんこう》することを避けようとした。第二巻の吉田松陰《よしだしょういん》でのべた通りである。松陰死後、久《く》坂玄瑞《さかげんずい》・高杉晋作《たかすぎしんさく》が尽力《じんりょく》したが禁門《きんもん》の変《へん》及び第一次長州征伐後《ちょうしゅうせいばつご》はお家大事派の反撃《はんげき》に合った。第二次長州征伐で藩滅亡の危機に直面《ちょくめん》して、ようやく長州藩は討幕一本《いっぽん》に覚悟が定まったのである。

一方、薩摩藩の全体の空気は討幕に絶対反対であった。外様大名《とざまだいみょう》だったが薩摩は徳川将軍（家斉《いえなり》と家定《いえさだ》）に二人の正室《せいしつ》（将軍の正夫人）を出している親戚《しんせき》でもあった。従って反幕《はんばく》的行動を嫌った。武力討幕《ぶりょくとうばく》などもってのほかと考える人々が大半であり、幕府に手向《てむか》う敵対《てきたい》的態度を取るならば、長州藩が二度の征伐《せいばつ》をうけて滅亡しかけたような過《あやま》ちを犯《おか》すことになると思った。その先頭に立つのが、藩主《はんしゅ》忠義《ただよし》の実父《じっぷ》で事実《じじつ》上《じょう》の藩主の島津久光《しまづひさみつ》である。幕府がなくなるとはとても信じられないから、あくまで幕府に楯突《たてつ》かず自藩《じはん》の存続《そんぞく》を願う人々が大多数であったのである。

久光《ひさみつ》始め大半の藩士《はんし》から見るならば、西郷《さいごう》らは薩摩藩《さつまはん》を潰《つぶ》しかねない危険な思想の持主《もちぬし》と見られたのである。久光らにとって西郷は「実に国家（薩摩藩）の大《たい》賊《ぞく》、憎むべき者共《ものども》」であり、幕府を倒すべしという「暴論《ぼうろん》」を唱《とな》える許し難《がた》い不《ふ》忠《ちゅう》の臣《しん》であったのである。久光の西郷憎悪《さいごうぞうお》は単に個人的な悪感情だけではない。

西郷《さいごう》と久光《ひさみつ》の抜《ぬ》き差《さ》しならぬ対立は、結局この日本をいかにして新生《しんせい》し、天皇国日本の存立《そんりつ》を守り抜くかについての考えの根本的相違《そうい》にあったのである。西郷には確固不動《かっこふどう》の高い精神と思想があったが、久光にはそれがなかった。ただあるのは、自藩《じはん》の存続《そんぞく》を願う自己中心の我執《がしゅう》(自分の考えを絶対として執着《しゅうちゃく》すること)だけであった。

鳥羽伏見《とばふしみ》の戦い

このようにほとんど全ての藩と大多数の日本人、幕府側《ばくふがわ》、薩摩藩内《さつまはんない》の大半が幕府をなくして王政《おうせい》を復古《ふっこ》することに大反対した。そんなことは現実に不可能と固く信じていたのである。明治維新成立大詰《めいじいしんせいりつおおづめ》の慶応《けいおう》三年(一八六七)秋から暮《くれ》にかけて、西郷始め倒幕派《とうばくは》は全く孤立無援《こりつむえん》の少数派であったのである。島津久光《しまづひさみつ》は武《ぶ》力倒幕《りょくとうばく》を明確に否定し、大半の藩士《はんし》は倒幕挙兵《きょへい》に反対したのである。

ここにおいて旧幕府側は反撃《はんげき》に出た。旧幕府の中心に立つ人々はこう考えた。

王政復古《おうせいふっこ》の大号令《だいごうれい》は出されたが、王政復古を実現しようとしているのは薩摩、長州の二藩だけではないか。他の藩は誰もついて行こうとしていない。公家《くげ》たちもまたそうだ。薩摩藩内ですら異論《いろん》がある。要するにほとんどの人々は、幕府の存《そん》続《ぞく》を疑わず、王政復古に賛成していない。それなのに薩長《さっちょう》は朝廷《ちょうてい》を牛耳《ぎゅうじ》り（支配すること）、王政復古を断行《だんこう》せんとしている。よしそれならば武力で決着《けっちゃく》をつけようではないか。

現在では政権の交代《こうたい》は選挙という方法が用いられるが、当時は結局、武力で勝負するしかなかった。平和的方法で話し合いによって政権交代を行なえばよいという人がいるかも知れない。しかしそれは机上《きじょう》の空論《くうろん》である。

徳川幕府は半《なか》ば永遠不滅の存在と固く信じている人々に対して、独立国家としてありうべからざる幕府の屈従外交《くつじゅうがいこう》が続く限り、日本は欧米《おうべい》により植民地《しょくみんち》・隷《れい》属国《ぞくこく》にされてしまうほかはないから、幕府をなくして王政復古すべきであるという正論《せいろん》をのべたとしてもそれを聴《き》き入《い》れるだろうか。何を馬鹿げたことを言うのだ、お前らの頭は狂っていると相手にするはずはない。つまり平和的話し合いによる政権交代《せいけんこうたい》はこの時代絶対にありえないことであったことを知らなければならない。今日的な考え、常識をもって過去の歴史を見てはならないのである。だから西郷《さいごう》はこうのべている。

「公論《こうろん》(公正な議論)をもって大政《たいせい》(政治の根本)を議《ぎ》することは、戦いよりもずっと難《むずか》しい」

こうして慶応《けいおう》四年(この年秋から明治元年・一八六八)一月三日、鳥羽伏見《とばふしみ》の戦いが始まった。大坂城にいた旧幕府と親藩《しんぱん》・譜代大名《ふだいだいみょう》らの約一万五千の軍が約五千の薩長連合軍《さっちょうれんごうぐん》に戦いを挑《いど》むのである。旧幕府側は薩長軍の三倍もの兵力だから圧勝《あっしょう》できると思った。この戦いに勝ち王政復古《おうせいふっこ》をたたきつぶし幕府政治を継続《けいぞく》したいと思ったのである。

この戦いで薩長連合軍の指揮《しき》をとったのが西郷《さいごう》である。薩長は兵力こそ少なかったが、西郷の決断とすぐれた統率《とうそつ》により旧幕府軍を打破《うちやぶ》り敗退させた。慶喜《よしのぶ》はこのとき大坂城にいたが、敗北を知るや部下をうち捨てて江戸に逃げ帰った。

この戦いの意義《いぎ》は極めて大きかった。それまで王政復古の成功を疑い薩摩《さつま》・長《ちょう》州《しゅう》に同調しなかった西日本のほとんどの藩が、なだれを打って朝廷方《ちょうていがた》についたのである。徳川四天王《とくがわしてんのう》の筆頭《ひっとう》である彦根《ひこね》の井伊藩《いいはん》までそうした。鳥羽伏見の戦いはいわば幕末における西日本の天下分目《てんかわけめ》の関ヶ原《せきがはら》の戦《たたか》いとなったのである。ほとんどの藩、旧幕臣《きゅうばくしん》そして薩摩藩大半の反対と非難《ひなん》、孤立無援《こりつむえん》の中で西郷は祖国日本の真《しん》の再生《さいせい》の為に万難《ばんなん》を排《はい》してこの戦いをやり抜いたのである。

七百年間続いた幕府政治が終り王政が復古するというかつてない歴史の大転換《だいてんかん》期《き》においては、単なる理屈や理論、小手先《こてさき》の話し合いだけではどうしても世の中は動かず変らないことを、天下に示したのが鳥羽伏見の戦いであった。「公論をもって大政を議することは戦いよりもずっと難しい」との深い見識《けんしき》と洞察力《どうさつりょく》をもつ西郷《さいごう》は、幕府の大軍を少しも恐れず不退転《ふたいてん》の勇気と決断をもって明治維新《めいじいしん》成就《じょうじゅ》へ驀進《ばくしん》(まっしぐらに進むこと)するのである。

3、明治維新《めいじいしん》の成就《じょうじゅ》——日本国史《こくし》の精華《せいか》

慶喜《よしのぶ》の恭順《きょうじゅん》と勝海舟《かつかいしゅう》の尽力《じんりょく》

江戸に逃げ帰った慶喜と徳川家《とくがわけ》は朝敵《ちょうてき》(朝廷《ちょうてい》に刃向《はむか》った敵)として官軍《かんぐん》(朝廷の軍隊)の討伐《とうばつ》を受ける立場に立たされた。官軍当初《とうしょ》の方針は慶喜の切腹《せっぷく》と徳川家の取《と》り潰《つぶ》しである。しかし慶喜は天皇政府の指導者として実権を握ろうとする野望《やぼう》はあったものの、天皇、朝廷にそむく気持は少しもなかった。慶喜は尊皇精神《そんのうせいしん》の厚《あつ》い水戸《みと》の徳川斉昭《とくがわなりあき》を父としていた。このときフランスのレオン・ロッシュ公使《こうし》

が、フランスは資金、武器、軍艦、軍人を提供《ていきょう》するから断然《だんぜん》戦うべしと慶喜を熱烈《ねつれつ》に説得《せっとく》した。慶喜の心中《しんちゅう》は苦しかった。朝敵の名をこうむり国賊《こくぞく》とされたまま討伐《とうばつ》を受けて徳川家が取り潰《つぶ》されたならば、先祖《せんぞ》に顔向けが出来《でき》ない。朝廷が寛大《かんだい》にとり扱ってくれればよいが、薩摩《さつま》と長州《ちょうしゅう》がどう出てくるかわからない。ことに長州は再度《さいど》幕府から征伐《せいばつ》の戦いを起こされ死目《しにめ》に合うような苦しみを受けたから徳川家に深い怨《うら》みがある。戦うべきか否《いな》か悩み抜いたが、最後にロッシュの申し入れを固く断《ことわ》ってこうのべた。

「好意は感謝しますが、日本は他国とことなりたとえいかなる事情があっても、天皇に向って弓《ゆみ》を引《ひ》くことはあってはならないことです。祖先《そせん》に対して申し訳ないかも知れないが、私は死んでも天皇に反抗《はんこう》しません」

慶喜は徳川光圀《とくがわみつくに》が子孫に遺《のこ》した家訓《かくん》――「日本の国の主君《しゅくん》(中心者・主人公)は徳川将軍ではなく天皇陛下である。いかなることがあっても水戸徳川家の者は天皇に忠誠《ちゅうせい》を尽《つく》さなければならない」――に従い、天皇・朝廷に恭順《きょうじゅん》(心から従うこと)を表明《ひょうめい》し、江戸城を出て上野の寛永寺《かんえいじ》で謹慎《きんしん》した。

もし慶喜《よしのぶ》がロッシュの誘《さそ》いに乗ったならば、官軍《かんぐん》と徳川の戦いにフランスが介《かい》入《にゅう》することになる。そうすると当時フランスに対抗して植民地獲得《しょくみんちかくとく》の争いをしていたイギリスが黙っておらず官軍を支援《しえん》するおそれがあった。そうなれば内戦に英仏《えいふつ》が干渉《かんしょう》しついに日本は分裂崩壊《ぶんれつほうかい》して、外国の支配下におかれる最悪《さいあく》の事《じ》態《たい》を招く危険性《きけんせい》があった。徳川光圀《とくがわみつくに》という先祖の遺訓《いくん》が慶喜を導いたのである。

しかしこの慶喜の恭順《きょうじゅん》に対して、ほとんどの旧幕臣《きゅうばくしん》は猛反対し従おうとしなかった。このような歴史の大変動期《だいへんどうき》においては、本当に目覚《めざ》めている人はごくわずかである。多くの旧幕臣は鳥羽伏見《とばふしみ》では敗れたが、本場《ほんば》の江戸では絶対負けぬと主戦論《しゅせんろん》を唱え徹底抗戦《てっていこうせん》の気持でいたのである。

慶喜がいくら恭順の心でいても家臣《かしん》たちが反対ならば、徳川家の恭順は成り立ちえない。その時登場したのが勝海舟《かつかいしゅう》である。勝はこれまで幕府首脳《しゅのう》から邪魔《じゃま》者扱《ものあつか》いされここ三年間冷遇《れいぐう》されていた。慶喜も勝の人物の偉さがわからず毛嫌《けぎら》いしていた。しかし勝は慶喜の恭順を支持する数少い有力者であった。そこで慶喜は勝を徳川家の最高責任者として、慶喜と徳川家の恭順を実行することと、対《たい》朝廷《ちょうてい》・官軍との交渉《こうしょう》につき勝に全てをまかせた。しかし勝に味方《みかた》する人はほとんどなく、勝は「売国奴《ばいこくど》」「大逆賊《だいぎゃくぞく》」「国賊《こくぞく》」「薩長《さっちょう》の犬《いぬ》」「腰抜《こしぬ》け」等あらゆる罵声《ばせい》を浴《あ》び命まで狙《ねら》われたのである。

勝は幕臣《ばくしん》ではあったが「幕府本位《ばくふほんい》」ではなく、幕府や藩《はん》をこえて日本全体を常に考え続けた「日本本位《にっぽんほんい》」の人物であった。日本人同士がいがみ合い官軍と徳川が激しく争うならば必ず外国の干渉《かんしょう》を招き、わが国がインド・シナの二の舞《まい》を演《えん》ずることを誰よりも憂《うれ》えおそれた人物であった。それゆえに勝は徳川家は朝廷に誠意をもって恭順し無抵抗の態度をとるべきであり、そうすれば官軍も非道《ひどう》なことは出来《でき》ないとしてこの恭順を貫《つらぬ》くことに命がけの努力を傾《かたむ》けるのである。

だがこの恭順の実行はほとんど不可能に近い難事《なんじ》であった。恭順に熱心なのは慶喜と勝らほんの一部の者だけで、大半は反対し続けたからである。上野には約三千名の彰義隊《しょうぎたい》がたてこもり徹底抗戦を唱えやがて官軍と戦う。江戸開城後は徳川の陸海軍も江戸を脱出して戦うにいたる。勝は全力を尽《つ》くして反対派を抑えつけていたが彼らはいつ暴れ出すかわからない。従って官軍はこうした状態を見て到《とう》底《てい》それを恭順《きょうじゅん》とは認めず、戦いを挑《いど》んでくるおそれが十二分にあったのである。

そこで勝《かつ》は談判《だんぱん》が不調《ふちょう》で官軍と戦う場合の準備も手抜かりなく行なった。西郷《さいごう》との談判の十日ほど前、江戸で親方《おやかた》、親分《おやぶん》といわれる町方《まちかた》の主《おも》な者を自らたずね多額の金を渡し、今から大小の船を集め勝の命令があり次第《しだい》、江戸百万の町民をその船に乗せ対岸に避難《ひなん》させるとともに、そのあと一斉《いっせい》に火をかけ江戸を火の海にせよと申し渡すのである。官軍が進撃してきたなら罪なき江戸市民を救うとともに、官軍を火を以て迎え撃《う》つという恐るべき戦術《せんじゅつ》であった。勝はこうしたことを実行しうる知恵と胆力《たんりょく》をもった旧幕府きっての軍事指導者でもあった。勝がこの準備をしたということが、西郷との談判がいかにむつかしいものであったかということを物語っている。勝にとり決死の覚悟のもとで行なわれた一世一代《いっせいちだい》の大談判であったのである。

西郷《さいごう》と勝《かつ》の談判《だんぱん》——江戸無血開城

西郷と勝の江戸無血開城の談判
（「江戸開城談判」結城素明画 明治神宮外苑・聖徳記念絵画館蔵）

談判は慶応《けいおう》四年（この年の9月明治《めいじ》元年《がんねん》・一八六八）三月十三、十四日行なわれた。

官軍《かんぐん》は三月十五日を総攻撃の日と決めていた。談判の核心《かくしん》は、慶喜《よしのぶ》と徳川家《とくがわけ》の恭順が本《ほん》物《もの》かどうか、果《はた》してつつがなく実行されるかいなかの一点である。先にのべたように官軍から見るならば、とてもおとなしく恭順しているとは思われない。口先だけで官軍をあざむこうとしている策略《さくりゃく》としか見えないのである。

勝《かつ》は徳川家《とくがわけ》の実情《じつじょう》を包《つつ》み隠《かく》すことなく西郷《さいごう》に話した。多くの家臣《かしん》が慶喜《よしのぶ》の恭《きょう》順《じゅん》にさからい徹底抗戦《てっていこうせん》を叫んでいること、勝は全力を尽《つく》しているが反対派を抑《おさ》えかねていること、自分の命も狙《ねら》われていること、死は恐れないが自分がいなければ徳川家の恭順を貫《つらぬ》くことが不可能なことを切々《せつせつ》と語った。そして徳川家があくまで恭順を実行しようとしているのは、天皇を仰《あお》ぎ戴《いただ》く日本の新生《しんせい》という大目的に立ち、日本人同士の闘争《とうそう》、内乱《ないらん》、分裂《ぶんれつ》を回避《かいひ》し外国の干渉《かんしょう》を排除《はいじょ》してインド・シナの二の舞《まい》を演《えん》じないためであることを強く訴えた。そうして官軍から見るならば徳川家の恭順はいろいろ問題はあるだろうが、我々としては何《なん》としても恭順をやり遂《と》げる覚悟でいるから、官軍が徳川家に対して出来《でき》る限り寛大《かんだい》なとりはからいをするよう求め、降服条件《こうふくじょうけん》の緩和《かんわ》を西郷に切《せつ》に嘆願《たんがん》したのである。

西郷はこの少し前、静岡にやって来て、慶喜の恭順が嘘偽《うそいつわ》りないものであることを伝えた山岡鉄舟《やまおかてっしゅう》に対し、徳川家が真《しん》に恭順を実行するならば寛大な処置《しょち》が下《くだ》されるとして数ヵ条の降服条件を示した。山岡が持ち帰った降服条件に対して、勝が西郷に譲歩《じょうほ》を求めてさし出されたものがこれである。

第一条　徳川慶喜《とくがわよしのぶ》は隠居《いんきょ》して水戸《みと》にて謹慎《きんしん》すること。

第二条　江戸城の明渡《あけわた》しについては、手続きがすみしだい田安家《たやすけ》があずかること。

第三条・第四条　軍艦と武器は相当の数を徳川家に残し、そのあまりを官軍にひき渡すこと。

第五条　（省略）

第六条　慶喜の暴挙《ぼうきょ》（鳥羽伏見《とばふしみ》の戦い）を助けた家臣《かしん》については、特別のお許しをいただき死刑にしないようにしていただきたいこと。

第一、第二、第五条は特に問題はなかった。第三、第四、第六条が問題であった。官軍の要求は、軍艦、武器全ての引渡《ひきわた》しと、鳥羽伏見の戦いの主《おも》な責任者の厳しい処罰《しょばつ》であった。勝はここでもありのままの実情をのべた。恭順《きょうじゅん》そのものに反対する徳川家の陸軍・海軍は軍艦・武器全ての引渡《ひきわた》しには絶対反対であり、官軍が全部の引渡しを要求するなら徹底抗戦あるのみと勝をつきあげていた。そこで勝《かつ》は軍艦・武器の引渡《ひきわた》しは一部だけにしてほしいと嘆願《たんがん》したのである。

さらに大きな問題は鳥羽伏見《とばふしみ》の戦いの首謀者《しゅぼうしゃ》・責任者の処罰《しょばつ》である。勝はここでもし厳罰《げんばつ》が下《くだ》されるならば、家臣《かしん》たちが激怒《げきど》し恭順《きょうじゅん》を破壊《はかい》する行為に出ることは必至《ひっし》なので、どうか処罰を免除《めんじょ》してほしいと懇願《こんがん》した。

鳥羽伏見の戦いの重要な意義はすでにのべた。この戦いの勝利が明治維新《めいじいしん》の大勢《たいせい》を決したのである。この戦いに敗れた徳川方《とくがわがた》の責任者を厳罰に処することは、官軍として決して譲《ゆず》ることのできない当然の要求であった。第一次長州征伐《ちょうしゅうせいばつ》では長州藩《ちょうしゅうはん》の三家老《がろう》が切腹《せっぷく》し、四参謀《さんぼう》が首を切られて落着《らくちゃく》した。慶喜《よしのぶ》の罪は重かったが死を免《まぬが》れて徳川家《とくがわけ》は滅びずにすむのであるならば最低限、鳥羽伏見の戦いの敗戦の責任をとり、主《しゅ》たる数名は切腹をしないでは事のおさまりはつかず、この処罰なしに朝廷《ちょうてい》、官軍《かんぐん》の立場はなくなってしまうのである。

しかし西郷《さいごう》は勝の嘆願《たんがん》をすべて承諾《しょうだく》した。それは西郷だからできた大決断であり、他のいかなる人物でもとうていできることではなかったのである。勝とは二度目であったが四年前大坂で初めて会った時、勝の人物に強く打たれた。ただ一度会っただけだったが、西郷は勝という人間を認めて深く信じたのである。徳《とく》川《がわ》の家臣は恭順に強く反対して戦う気持に燃えており、とても恭順とは言えない有様《ありさま》だった。しかし幕府《ばくふ》とか徳川家という狭い小さな立場をこえて、皇国《こうこく》日本の新生のため内戦《ないせん》を回避《かいひ》し外国の干渉《かんしょう》・介入《かいにゅう》を排除《はいじょ》して、わが国をインド・シナの二の舞《まい》にしないようにするため、徳川家の恭順をあくまで貫《つらぬ》こうとする勝海《かつかい》舟《しゅう》の懸命《けんめい》な努力に深く共感し理解できたから嘆願をすべて受けいれて、西郷は恭順の実行のさまを見守ろうとしたのである。家臣らがもし反乱を起こしたなら、それはその時に対処《たいしょ》すればよいと考えたのである。

談判《だんぱん》終了後、西郷は隣室《りんしつ》で息をひそめてなりゆきを見守っていた村田新八《むらたしんぱち》と桐《きり》野利秋《のとしあき》をよび、勝の目の前で静かに明日十五日に予定されている江戸城総攻撃の中止を各部隊の指揮官《しきかん》に伝えるよう命じた。勝を安心させる為である。そのあと天下の大事《だいじ》を忘れたかのように勝と昔話をした。この時の西郷の一大決断と態度に勝は心の底から感嘆《かんたん》し、西郷をこの世に二人なき人物と敬服《けいふく》するのである。

西郷《さいごう》の大至誠《だいしせい》と大胆識《だいたんしき》

勝《かつ》は晩年《ばんねん》このことを語り続けた。

「おれはこれほどの古物《こぶつ》（年寄り）だけれども、しかし今日《きょう》まで西郷ほどの人物は二人と見たことがない。どうしても西郷は大きい。妙《みょう》なところで隠《かく》れたりなどして、一向《いっこう》（まったく）その奥行《おくゆき》（人間としての奥の深さ）が知れない。厚かましくも元《げん》勲《くん》（国家に大きな功績を残した人物）などとすましているやつらとはとても比べものにならない。西郷はどうも人にわからないところがあったよ。大きな人間ほどそんなもので……小さい奴《やつ》ならどんなにしたってすぐ腹の底まで見えてしまうが、大きいやつになるとそうでないのう」

勝は西郷を「二人と見たことがない」大人物と見、その人物の大きさを「奥行が知れない」という。そうして談判《だんぱん》についてこう語る。

「西郷なんぞはどのくらい太《ふと》っ腹《ぱら》（度量《どりょう》が広く寛大《かんだい》なこと）の人だったかわからない

よ。あの時の談判は実に骨《ほね》だったよ（骨を折ること）。苦心すること）。官軍《かんぐん》に西郷がいなければ話はとてもまとまらなかっただろうよ。江戸の市中《しちゅう》では今にも官軍が乗りこむといって大騒《おおさわ》ぎさ。しかしおれはほかの官軍には頓着《とんちゃく》せず、ただ西郷一人を眼中《がんちゅう》においた」

「さていよいよ談判になると、西郷はおれの言うことを一々信用してくれ、その間《かん》一点の疑念《ぎねん》もはさまなかった。

『いろいろむつかしい議論もありましょうが、私が一身《いっしん》にかけてお引受《ひきう》けします』

西郷のこの一言《ひとこと》で、江戸百万の生霊《せいれい》（人間）もその生命と財産とを保つことが出来、また徳川氏《とくがわし》もその滅亡《めつぼう》を免《まぬか》れたのだ。もしこれが他人であったら、いやあなたの言うことは自家撞着《じかどうちゃく》（矛盾《むじゅん》していること）だとか、言行不一致《げんこうふいっち》だとか、沢山《たくさん》の凶徒《きょうと》（徹底抗戦《てっていこうせん》を叫《さけ》ぶ旧幕臣《きゅうばくしん》たち）があの通り処々《しょしょ》に屯集《とんしゅう》しているのに恭順《きょうじゅん》の実《じつ》はどこにあるとか、いろいろうるさく責《せ》めたてるに違いない。万一そうなると談判はたちまち破裂《はれつ》だ。しかし西郷はそんな野暮《やぼ》（勝の心の中がわからないこと）は言わない。その大局《たいきょく》を達観《たっかん》（天下の大勢《たいせい》、何が大事かを見通すこと）して、しかも果断《かだん》（決断）に富《と》んでいたにはおれも感心した」

「この時おれがことに感心したのは、西郷《さいごう》がおれに対して幕府の重臣《じゅうしん》（重い役目をもつ家臣《かしん》）たるだけの敬礼《けいれい》を失わず、談判《だんぱん》のときにも始終座《しじゅうざ》を正《ただ》して手を膝《ひざ》の上に乗せ、少しも戦勝《せんしょう》の威光《いこう》でもって敗軍《はいぐん》の将《しょう》を軽蔑《けいべつ》するというような風《ふう》が見《み》えなかったことだ。その胆量《たんりょう》（勇気と決断力と寛大な心で人を受けいれる度量《どりょう》）の大きいことはいわゆる天空海闊《てんくうかいかつ》（大空がはてしなく海が広いように度量が広大なこと）で、見識《けんしき》ぶる（自分の考えがすぐれていると威張《いば》ること）などということはもとより少しもなかった」

「西郷に及ぶことが出来《でき》ないのはその大胆識《だいたんしき》（勇気・決断と見識）と大誠意《だいせいい》とにあるのだ。おれの一言を信じてたった一人で江戸城に乗込《のりこ》む。おれだって事《こと》に処《しょ》して多少《たしょう》の権謀《けんぼう》（策略《さくりゃく》）を用いないこともないが、ただこの西郷の至誠《しせい》はおれをして相欺《あいあざむ》くに忍《しの》びざらしめた。この時に際して小籌浅略《しょうちゅうせんりゃく》（細《こま》かなはかりごと）を事とするのはかえってこの人のために、腹わた（心の中）を見すかされるばかりだと思って、おれも至誠をもってこれに応じたから江戸城受け渡しもあの通り立談《たちばなし》ですんだのさ」

勝《かつ》は西郷を「大胆識《だいたんしき》と大誠意《だいせいい》」の人物とのべている。これ以上はない最高の称《しょう》賛《さん》の言葉である。西郷は鳥羽伏見《とばふしみ》の戦いに勝利した官軍《かんぐん》の総大将《そうだいしょう》であったが、敗者の徳川家《とくがわけ》を代表する勝に対して少しも傲《おご》り高ぶった態度を取らず、姿勢を正し慎《つつし》みある態度で、四つ年上の勝に向って常に鄭重《ていちょう》に「勝先生」と呼びかけた。勝はこうした西郷の姿に心の底から打たれるのである。

西郷は何より人間として立派であったのである。勝は西郷の至誠の上に立つ大《だい》度量《どりょう》と大決断のさま、勝を深く思いやる礼節《れいせつ》を保った謙虚《けんきょ》な態度について、このわが国無双《むそう》（並ぶ者がないこと）の人物の面影《おもかげ》をありありと語った。西郷という千古《せんこ》（永遠）の英雄の天や海のようなはてしない大きさ、広さ、深さを、勝は後世《こうせい》の私たちに見事に伝えてくれたのである。勝が書き記したこのときの西郷の姿こそ、日本の歴史がある限り永遠に語り継がれるべきものと私は思う。

西郷と勝は互いに相手を深く信じ敬愛し合い、ただ一筋《ひとすじ》に天皇を戴《いただ》く祖国日本の新生を願い肝胆《かんたん》を吐露《とろ》し誠意《せいい》を尽《つく》して話し合った。天皇国日本の生存《せいぞん》・独立・弥栄《いやさか》（永遠の繁栄）を願いこれを堅《かた》く維持《いじ》することにおいて二人の心は一つであったのである。

西郷《さいごう》はこの前年の八月、イギリスのハリー・パークス駐日公使《ちゅうにちこうし》の代理アーネスト・サトウに会った。サトウは「幕府《ばくふ》がフランスの支援《しえん》を受け諸藩《しょはん》を討《う》ち滅ぼそうとするなら、イギリスも出兵《しゅっぺい》して薩摩《さつま》に応援《おうえん》するから、その時機《じき》がくれば相談に応《おう》ずる」とのパークスの言葉を伝えた。これに対して西郷はきっぱりこう答えた。

「日本の国体《こくたい》（天皇を国家の中心にいただく日本の国の根本のあり方）を立《た》て貫《つらぬ》いて参《まい》る上に、外国の人に相談する面皮《つらのかわ》はありません」

実に堂々たる胸のすくような返事である。インドやシナはどうして国を失い欧《おう》米列強《べいれっきょう》に隷属《れいぞく》する国と化《か》したか。それはイギリス、フランス、ロシア、ドイツ、アメリカなど列強につけいる隙《すき》を与え干渉《かんしょう》・介入《かいにゅう》を許したからである。西郷も勝《かつ》も外国の干渉を何よりも恐れた。二人は天皇を戴《いただ》くわが国の新生《しんせい》と独立という根本の考えにおいて全く心が一つであったからこの談判《だんぱん》は成り立ちえた。この談判は両者以外の何人《なんぴと》も成功させることが不可能な交渉《こうしょう》であった。勝がいたから徳川家《とくがわけ》の恭順《きょうじゅん》がかろうじて成り立ち、相手に西郷がいたから徳川の嘆願《たんがん》を全て丸のみにして恭順が受けいれられたのであった。西郷に相対《あいたい》した勝もまたとてつもなく偉大な人物であった。この二人のうちどちらかが欠けたならば談判は成り立たず、官軍《かんぐん》と徳川方《とくがわがた》は江戸で全面的戦いをするほかなかったであろう。

日本国史《こくし》の精華《せいか》

このあと西郷は京都に急行した。勝との合意《ごうい》を朝廷《ちょうてい》の最高会議で最終的に決定しなければならないからである。ところが会議は大もめにもめた。ほとんどの人が慶喜《よしのぶ》の死刑と徳川家の取《と》り潰《つぶ》しを強く望んでいたから、西郷は徳川に譲歩《じょうほ》しすぎたとして、西郷と勝の合意に猛反対した。西郷は「いろいろむつかしい議論」がおこることは覚悟《かくご》していたが、「一身《いっしん》にかけてお引受《ひきう》けします」と勝に約束していた。

そこで西郷《さいごう》は「承認《しょうにん》が得られないならば、私は薩摩《さつま》の兵士を連れて政府を去って国に帰ります」とのべた。西郷は明治政府の第一人者であり西郷あっての明治政府であったから、西郷が手を引けば政府は一瞬《いっしゅん》で倒れる。西郷の存在はそれほど重かったから、人々はやむなく渋々《しぶしぶ》承諾《しょうだく》したのである。

西郷・勝《かつ》の談判《だんぱん》は今でこそ高く評価されるが、当時は全く不評だったのである。徳川《とくがわ》の人々は勝を徳川家《とくがわけ》を売る裏切者《うらぎりもの》、国賊《こくぞく》と見たが、ある旧幕臣《きゅうばくしん》はこうのべている。

「ほとんど全ての人々が幕府《ばくふ》の存続《そんぞく》を願った。ただ幕府が消滅するのが残念。将軍慶喜《よしのぶ》を恨《うら》み、恭順《きょうじゅん》とは何事かと憤慨《ふんがい》、幕府の為に主戦論《しゅせんろん》を唱えた。勝、大久保（一翁《いちおう》、勝の同志）らを国賊と罵《ののし》り、あのような奸物《かんぶつ》（悪党）に天誅《てんちゅう》を加うべしと叫んだ」

勝は後年《こうねん》こう語っている。

「維新《いしん》のころは妻子《さいし》までもおれに不平《ふへい》だったよ。広い天下におれに賛成する者は一人もなかったけれども、おれは常に世の中には道《みち》というものがあると思って楽しんでいた」

勝は「楽しんでいた」というが、当時は死にまさるつらい苦労を重ねたのである。徳川家の人々からはほとんど理解されず裏切者と思われたが、相手側にただ一人勝を心から信じてくれる人がいた。それが西郷である。西郷についてこうのべている。

「おれの方よりか西郷はひどい目にあったよ。勝に騙《だま》されたのだといって、それはそれはひどい目にあったよ」

旧幕臣から「国賊《こくぞく》・売国奴《ばいこくど》」といわれ妻子からも理解されなかった勝より、もっと「ひどい目」にあったのが西郷であったのである。二人の努力と苦労がいかに並たいていではなかったかがわかる。しかし二人はあらゆる非難《ひなん》にめげず万難《ばんなん》を排《はい》して不撓不屈《ふとうふくつ》の鋼鉄《こうてつ》の信念《しんねん》をもって、皇国《こうこく》日本の新生の為に一身《いっしん》を捧げたのである。勝は晩年、西郷を賛《たた》え続けた。

「どうして、西郷がおらなければ維新《いしん》の事は出来《でき》ないよ。西郷一人でまとまったのさ。そりゃあ、西郷が第一さ（維新三傑《さんけつ》といわれた他の大久保利通《おおくぼとしみち》、木戸孝允《きどたかよし》と比べて）」

「何事も知らない風《ふう》をして独り局外《きょくがい》に超然《ちょうぜん》としておりながら、しかもよく大局《たいきょく》を制《せい》する手腕のあったのは、近代ではただ西郷《さいごう》一人だ」

西郷が大久保や木戸らと比較にならない維新《いしん》第一の人物であることを、誰よりも知る人物こそ勝《かつ》であった。晩年《ばんねん》、人々に問われるままに維新当時のことをのべるとき、「今日の日本があるのはすべてみな西郷のおかげだよ」と目に涙をたたえて語るのが常であった。西郷が勝とともに国家の一大事を決して近代日本の基《き》礎《そ》を固め、近代世界史の奇蹟《きせき》である明治維新《めいじいしん》を成就《じょうじゅ》した歴史こそ、わが国における最も輝かしい高貴《こうき》な誇るべき日本国史の精華《せいか》（すぐれてうるわしいこと、光）であったのである。

彰義隊《しょうぎたい》との戦い

明治元年《めいじがんねん》（一八六八）四月十一日、江戸城が明渡《あけわた》された。この日、徳川慶喜《とくがわよしのぶ》は江戸を去り水戸に行き謹慎《きんしん》する。こうして江戸無血開城《むけつかいじょう》をもって明治維新が成立した。しかし同日、旧幕府《きゅうばくふ》の陸軍兵士が大量に脱走を始めた。やがて海軍の榎《えの》本武揚《もとたけあき》も八隻《せき》の軍艦をもって脱出した。つまり徳川家《とくがわけ》は官軍《かんぐん》に対する恭順《きょうじゅん》の約束を破ったのである。このあと関東、越後、東北、函館で反抗し、官軍と旧幕府方との戦いが翌年五月まで続いたのはやむを得ないことであった。このような歴史的な大転換期《だいてんかんき》においては、旧幕府側の人々の意識と感情は先にのべたようにそう簡単に変《かわ》るものではなく、徳川幕府が一気に消滅するという現実を素直に受けいれることに耐《た》え難《がた》かったのである。明治維新はそれほどの歴史的大変革《だいへんかく》であったのだ。

江戸ではこの年五月、上野にたてこもる彰義隊《しょうぎたい》が反乱を起こすのである。勝がもっともおそれていたことがついにおこったのである。勝はここで彰義隊が暴走《ぼうそう》すれば、徳川家の恭順《きょうじゅん》を認め寛大《かんだい》そのものの降服を承認してくれた西郷《さいごう》を裏切ってしまうことになるから、山岡鉄舟《やまおかてっしゅう》とともに真剣に説得に努め抗戦《こうせん》をあきらめさせようとしたが、彼らは一切聞く耳をもたなかった。勝《かつ》は嘆願《たんがん》を丸呑《まるの》みにしてくれた西郷に全く合わす顔がなく苦しみ悶《もだ》えるのである。

ふつうなら徳川方《とくがわがた》の約束違反を責《せ》め立てるところである。ところが西郷は勝と山岡の必死の努力を見守り、約二ヵ月（この年は閏年《うるうどし》で四月が二度あった）待った。しかし説得《せっとく》が不可能となった五月十五日、西郷《さいごう》ら官軍はこの日一日で彰義隊《しょうぎたい》を討《とう》伐《ばつ》した。官軍は諸藩《しょはん》の軍隊からなるが、西郷の率《ひき》いる薩摩兵《さつまへい》が断然たる強さを発揮した。この討伐にあたり西郷は勝にこうのべたと勝は語っている。

「これまで山岡氏が幾日《いくにち》となく寝食《しんしょく》を忘れて暴徒《ぼうと》の解散に尽《つく》されたのは、結局国家のためです。朝廷《ちょうてい》に対し徳川家《とくがわけ》に対して山岡氏の忠心《ちゅうしん》（忠誠心）いかにも気の毒で涙に耐《た》えない。彰義隊なるものはたいてい徳川の遺臣《いしん》（家臣《かしん》）ですので、あれを進撃《しんげき》するのはあなたや山岡氏の誠忠《せいちゅう》に対して返《かえ》す返《がえ》す気の毒ですが進撃と決しますと。西郷はほろりと一滴《いってき》の涙を流してその折《おり》話された」

彰義隊の反抗は官軍にとって徳川家恭順《きょうじゅん》に違反する行為であったから、勝は強く批判されても全く弁解《べんかい》の余地《よち》はない。しかし西郷は逆に勝と山岡の尽力《じんりょく》の甲斐《かい》なく、ここに討伐《とうばつ》にいたったことを心から気の毒に思い涙をこぼしたのである。この世にこのような人物がほかにいるだろうか。西郷は勝と山岡という真《しん》の武士を心の底から認めて信じ、二人の辛苦《しんく》に同情を惜《お》しまず辛抱《しんぼう》強《づよ》く恭順の実行を見守り続けたのである。西郷は甘い、手ぬるい、勝という古狸《ふるだぬき》に騙《だま》されているという周囲の強い非難の中でそうしたのである。西郷だから出来《でき》たことであった。勝以上に「ひどい目にあった」西郷だが、それゆえにこそ勝と山岡は生涯西郷に対して限りない敬愛と感謝の念を捧《ささ》げ続けたのである。西郷はまことに古今《ここん》不世出《ふせいしゅつ》の比類《ひるい》なき大人物であったのである。

廃藩置県《はいはんちけん》――明治維新《めいじいしん》の完成

明治維新は西郷《さいごう》・勝《かつ》の談判《だんぱん》による江戸無血開城《むけつかいじょう》をもって成立するが、真《しん》の完成は明治四年の廃藩置県《はいはんちけん》まで待たねばならない。幕府《ばくふ》は倒れて天皇を中心とする新しい政府が誕生したが、約三百の藩《はん》はそのまま残っており藩主《はんしゅ》である大名《だいみょう》はその土地と人民を支配していた。この藩をなくさない限り明治維新は名前だけのものとなる。日本が名実《めいじつ》とも新生する為には藩と大名をなくし、土地と人民を国家に返さなければならなかった。西郷はこれを断行《だんこう》する機会をうかがい、ひそかにその準備を進めていたのである。

この廃藩置県のすみやかな実現については新政府の誰もが思ったことだが、問題はいつ誰がどのようにして行なうかであった。今日から見るなら廃藩置県は当然と思うが、当時としては何百年間もその土地と人民を支配してきた大名の権利をいっぺんに取り上げることは一大仕事であり一大難事《なんじ》であったのである。理屈をいうならば、大名がその土地と人民を国家に返還しなければならない義務はどこにもないのである。

この廃藩置県に絶対反対であったのが西郷の仕《つか》えてきた主人島津久光《しまづひさみつ》である。西郷は明治二、三年帰郷《ききょう》していたが翌年岩倉具視《いわくらともみ》や大久保利通《おおくぼとしみち》から強く促《うな》がされて、新政府の参議《さんぎ》に就任《しゅうにん》、中心的地位についた。西郷が上京する時、久光は廃《はい》藩《はん》は絶対してはならぬと厳命《げんめい》した。

西郷は大久保利通、木戸孝允《きどたかよし》、板垣退助《いたがきたいすけ》と相談して、薩摩《さつま》、長州《ちょうしゅう》、土佐《とさ》三藩の兵士を御親兵《ごしんぺい》として朝廷《ちょうてい》に献上《けんじょう》した。それまで明治政府は自前《じまえ》の軍隊をもっていなかったが、ここに維新《いしん》の戦いを経験した三藩の最も精強《せいきょう》な部隊からなる明治政府の軍隊が誕生し、西郷は御親兵の総司令官《そうしれいかん》になった。この新政府の強力な武力を背景にして、廃藩置県に反抗するならば討伐《とうばつ》する体制をこうして作り上げた。明治四年の春である。西郷はどこまでも用意周到《しゅうとう》であった。

そのあと六月、西郷は木戸孝允とともに参議に就任した。実質的に文武《ぶんぶ》の最高の地位についた西郷は七月、廃藩置県を断行《だんこう》するのである。しかしあまりにも重大なことだから大久保や木戸は心配で夜も眠られず、もし反抗《はんこう》がおきたらどうしようと西郷《さいごう》にたずねた。

「暴動《ぼうどう》が起こったらその時は私が引受《ひきう》けます。あなたがたはご心配なく廃藩置県《はいはんちけん》の手続きをしっかりやって下さい」

西郷のこの一言で大久保と木戸らは覚悟を固めた。いよいよ廃藩置県の詔勅《しょうちょく》が出される前日、明治天皇《めいじてんのう》は西郷をよばれた。明治天皇は最も親愛《しんあい》し信頼する西郷に、もし不測《ふそく》の事態《じたい》がおき反乱が生《しょう》じた場合どうするかとお尋《たず》ねになられた。

西郷は一言《ひとこと》きっぱり申し上げた。

「おそれながら吉之助《きちのすけ》がおりますれば、御心《みこころ》を安んじ下《くだ》さいませ」

天皇は深く安堵《あんど》された。こうして七月十四日、廃藩置県の詔勅が出された。この突然の命令に全藩《ぜんぱん》驚くが、どこも不服《ふふく》を唱え抵抗する藩《はん》はなかった。西郷の率《ひき》いる御親兵《ごしんぺい》がにらみをきかせているから手も足も出ず、ここに七百年間の封建体《ほうけんたい》制《せい》が終り廃藩置県という一大事業が実現された。廃藩置県の結果、ようやく中《ちゅう》央集権《おうしゅうけん》の統一国家としての明治国家が出来上《できあが》り、ここに明治維新《めいじいしん》は真《しん》の完成を見るのである。

廃藩置県ができたのは日本人の天皇への厚い忠誠心《ちゅうせいしん》がその根本にあったからだが、その実行においては西郷の一諾千金《いちだくせんきん》(最も価値ある承諾《しょうだく》)の大決断なくして到底《とうてい》この早い時期に実現することは不可能であった。西郷は廃藩置県における最大の功労者であり他の追随《ついずい》を許さぬ千両役者《せんりょうやくしゃ》であったのである。

廃藩置県に最も怒《いか》り猛《たけ》り狂《くる》ったのが島津久光《しまづひさみつ》であった。久光の厳命《げんめい》をほうむり去り約七百年の歴史をもつ誇りある薩摩藩《さつまはん》を一瞬《いっしゅん》にしてなくした西郷への怒りはとても筆舌《ひつぜつ》に尽《つく》し難《がた》く、西郷を裏切者《うらぎりもの》、不忠者《ふちゅうもの》、最悪党《さいあくとう》として憎悪《ぞうお》し抜くのである。西郷はこうした久光を主人にいただきながら、明治維新という国家の大業《たいぎょう》に一身《いっしん》を捧《ささ》げたのである。それは「命もいらず、名もいらず」との覚悟を持つ者だけが出来た大事業であった。

4、人間の富士山・西郷《さいごう》
――伝統的日本の大精神を代表する英雄

明治天皇《めいじてんのう》と西郷
――千載一遇《せんざいいちぐう》の名君《めいくん》と名臣《めいしん》の出会《であ》いと別離《べつり》

明治天皇の御生涯《ごしょうがい》において最も大きな影響を受けた人物は、父君孝明天皇《ちちぎみこうめいてんのう》ともう一人は西郷隆盛《さいごうたかもり》である。天皇が西郷に身近《みぢか》に親しく接したのは明治四年から六年秋までの約二年半にすぎない。しかしこの間《かん》に廃藩置県《はいはんちけん》が行なわれ諸改革が進められ近代国家としての基礎《きそ》が打ち固められた。政府の中心に立っていたのが筆頭参議《ひっとうさんぎ》であり陸軍元帥《りくぐんげんすい》（後に陸軍大将《たいしょう》）近衛都督《このえととく》として御親兵《ごしんぺい》を統率《とうそつ》する文武《ぶんぶ》の最高指導者の西郷であり、西郷は明治新政府の唯一無二《ゆいいつむに》の大黒柱《だいこくばしら》であった。

ご在位《ざいい》四十六年間、数多い臣下《しんか》の中で誰よりも深く親愛《しんあい》し厚く信頼してやまなかったのが西郷であり、十九歳から二十一歳の多感な青年期、明治天皇は西郷に最も多く人格的感化《かんか》を受けられた。

西郷らは日本国家の確固《かっこ》とした独立と発展ならびに国民の幸福は、ひとえに国家の中心に立つ天皇の徳《とく》（君徳《くんとく》という）の大成《たいせい》にあると信じ、偉大な天皇として全国民から仰《あお》がれるために、君徳輔導《くんとくほどう》（たすけ導くこと）に肝胆《かんたん》を砕《くだ》いた。そこで西郷が中心となって宮中改革《きゅうちゅうかいかく》を行ない、日常天皇にお仕《つか》えする幾人《いくにん》かの侍従《じじゅう》に立派な人物をおいた。

西郷の懇請《こんせい》で侍従《じじゅう》になったのが山岡鉄舟《やまおかてっしゅう》である。西郷は慶応《けいおう》四年、静岡で始めて会った時山岡を武士の中の武士と惚《ほ》れこんだ。立派な人物に出会うと即座《そくざ》にほれこむのが西郷の癖《くせ》である。旧幕臣《きゅうばくしん》であろうがなかろうが少しも問題ではない。人物本位《じんぶつほんい》である。山岡は大恩《たいおん》ある西郷の要請《ようせい》にこたえ、至誠《しせい》の限《かぎ》りを尽《つ》くして侍従《じじゅう》の仕事《しごと》に一身《いっしん》を捧《ささ》げた。山岡《やまおか》ら武士出身の侍従はみな真心と剛毅《ごうき》と朴直《ぼくちょく》(飾り気がなく正直なこと)を以《もっ》て仕《つか》えた。阿諛迎合《あゆげいごう》のおべっかを使う者は一人もなく、明治天皇の言動が不可《ふか》と思った時は心から諫言《かんげん》(目上の人の過失《かしつ》などを忠告すること)した。若き天皇はこれら武士あがりの侍従を親愛《しんあい》された。

また明治天皇は学問、道徳においてすぐれた侍講《じこう》とよばれる人々について学問に励まれた。元田永孚《もとだながざね》、副島種臣《そえじまたねおみ》らがその主《しゅ》たる人である。元田らはわが国体《こくたい》の本質、君徳《くんとく》の大切さ、忠孝仁義《ちゅうこうじんぎ》の道、国家民族の興亡盛衰《こうぼうせいすい》の理《り》について進講《しんこう》した。明治天皇は負けず嫌いの剛毅《ごうき》な気性《きしょう》を発揮《はっき》されて、古今《ここん》の名帝賢君《めいていけんくん》に劣らぬことを真《しん》に願われ、君徳の培養《ばいよう》に脇目《わきめ》もふらず精励《せいれい》された。

西郷《さいごう》とは事あるたびに接《せっ》した。日常の政務《せいむ》、軍隊の演習《えんしゅう》、西国行幸《さいごくぎょうこう》等、西郷は常に天皇のおそばにあった。西郷の一言一行《いちごんいっこう》が天皇の心に響き胸にしみ通った。ある日、天皇は乗馬《じょうば》の稽古《けいこ》をなされたが、落馬《らくば》して思わず痛いと口走《くちばし》られた。その時ともに馬を走らせていた西郷は飛び下りて助け起こそうともせず馬上より、「痛いなどという言葉はどのような場合にも男が申してはなりませぬ」と申し上げた。天皇はわが国の陸海軍を統率《とうそつ》する大元帥《だいげんすい》であったから、西郷は強く諫《いさ》めたのである。天皇はこの一言を一生お忘れにならなかった。天皇は西郷という人物に、あたかも父親の情愛《じょうあい》を感じられた。

明治十年の西南戦争《せいなんせんそう》で西郷を国賊《こくぞく》として死へと追いやってしまったことこそ、明治天皇にとって生涯の痛恨事《つうこんじ》であった。西郷の死が伝えられたとき沈痛《ちんつう》この上なく、「西郷はとうとう死んだか」とつぶやかれた。そのあとしばらくの間、天皇は表御座所《おもてござしょ》に出られなかった。西郷をなくした衝撃《しょうげき》があまりにも大きく政務《せいむ》をとる気力《きりょく》も情熱《じょうねつ》も一時《いちじ》失われたのである。毎夜《まいよ》遅くまで深酒《しんしゅ》して明け方まで続くことがたびたびであった。西郷を死なせたことに対する後悔《こうかい》、慚愧《ざんき》（恥じいること）の念に耐え難《がた》く、己《おの》れを責《せ》めて涙されたのである。

明治天皇は生涯九万三千首《しゅ》もの和歌《わか》を詠《よ》まれたが、そのうち西郷について詠まれた御製《ぎょせい》（天皇の詠まれた和歌）がこれである。

おもふこと　なるにつけても　しのぶかな

もとゐさだめし　人のいさをを　（明治43年）

くにを思ふ　臣《おみ》のまことは　言のはの
　うへにあふれて　きこえけるかな　（明治45年）

一首目は、日露戦争《にちろせんそう》に勝利して世界の一等国になった今、深くしのばれるのは明治維新《めいじいしん》という国家の礎《いしずえ》を定めた西郷隆盛《さいごうたかもり》であるという意味だ。明治天皇にとり西郷隆盛は比類《ひるい》を絶する特別の存在であったのである。この他に次のお歌がある。

今も世に　あらばと思ふ　人をしも
　この暁《あかつき》の　夢に見しかな　（明治37年）

いにしへは　ゆめとすぐれど　まことある
　臣《おみ》のことばは　耳にのこれり　（明治43年）

あかつきの　ねざめねざめに　思ふかな

国に尽《つく》しし　人のいさをを　（明治44年）
身《み》をすてて　いさをたてし　人の名は
国のほまれと　ともにのこさむ　（明治45年）

この四首は西郷《さいごう》について詠《よ》まれたものと断定《だんてい》は出来《でき》ないが、これを詠《よ》まれた天皇のお心には西郷の姿があったと私は思う。明治天皇が夢にまで見られて今の世にあってほしいと願う第一の人物こそ西郷であった。明治天皇が修養《しゅうよう》の極《きわ》み後《こう》年《ねん》、神のごとき人格を完成しえたのは、西郷という人物が存在したからである。明治天皇は真《しん》に天皇と国家に忠誠《ちゅうせい》を捧《ささ》げ尽《つく》したこのかけがえのない人物を、国《こく》賊《ぞく》の汚名《おめい》を着せて葬《ほうむ》り去《さ》った明治政府のとりかえしのつかぬ過《あやま》ちを自己の責任とされた。その痛恨極《つうこんきわ》まりなき深い反省が明治天皇の人格を玉成《ぎょくせい》（立派な人物に育てること）せしめ、近代世界史に燦然《さんぜん》と輝く明治の御代《みよ》を出現させたのである。明治天皇と西郷の出会いは「千載一遇《せんざいいちぐう》（千年に一度の出会い）」というべき名君《めいくん》と名《めい》臣《しん》の出会いであった。

敬天愛人《けいてんあいじん》——西郷《さいごう》の高貴な人格の香り

後世《こうせい》の日本人の魂を強く打つ西郷の気高《けだか》い人格と精神を隈《くま》なく語っているのが『西郷南洲遺訓《さいごうなんしゅういくん》』である。これは西郷の言葉を荘内藩士《しょうないはんし》が書きとどめ明治二十二年、西郷の賊名《ぞくめい》が解《と》かれたとき出版されたものである。荘内藩《しょうないはん》は譜代大名《ふだいだいみょう》として官軍《かんぐん》と最も激しく戦ったが、西郷により極めて寛大《かんだい》な扱いを受けた。深く感激した荘内藩士《しょうないはんし》は明治三年、旧藩主酒井忠篤《きゅうはんしゅさかいただずみ》以下数十名が鹿児島を訪れて、西郷に教えを請《こ》うたのである。阿部次郎《あべじろう》が小学生の時に感激して、「西郷隆盛《さいごうたかもり》のような人間になりたい」と思った遺訓《いくん》はいかなるものであったか。主《おも》なものをあげよう。

「命もいらず、名もいらず、官位《かんい》も金もいらぬ人は始末《しまつ》に困《こま》るものなり。この始《し》末《まつ》に困《こま》る人ならでは、艱難《かんなん》を共にして国家の大業《たいぎょう》は成《な》し得《え》られぬなり」

地位《ちい》、名声、名誉、金の誘惑《ゆうわく》に負けず心を移さずに、国家の大事においては自分の命も惜《お》しまない。つまり私利私欲《しりしよく》のためではなく、国家のため世のため人のためにいかなる困難《こんなん》・辛苦《しんく》にも挫《くじ》けず自己の誠《まこと》を捧《ささ》げることの大切さ、尊《とうと》さをのべたものである。

「人を相手にせず、天を相手にせよ。天を相手にして、己《おの》れを尽《つく》して人を咎《とが》めず、わが誠《まこと》の足《た》らざるを尋《たず》ぬべし」

天とは神のこと。天の心、神の心が人間の心であるから、神の心に従って神の心のままに生きることが人の道である。それが誠を尽すことであり、己れを尽すことである。他人を批判、非難《ひなん》する前に、自分が果《はた》して誠を尽しているかいなかを深く反省せよという意味である。

「道は天地自然の物にして、人はこれを行なうものなれば、天を敬《けい》するを目的とす。天は人も我《われ》も同一に愛し給《たま》うゆえ、我《われ》を愛する心をもって人を愛するなり」

人間の道の根本は、天つまり神を敬《うやま》うことである。神は全ての人を同じように愛しているから、私たちは自分を愛する心をもって人を愛しなければならない。「敬天愛人《けいてんあいじん》」の語を西郷はよく筆で書いた。西郷の愛情、同情心、思いやりの深さをこれまでのべてきたが、それはこのような信念にもとづいている。

「道を行う者は、天下挙《てんかこぞ》って毀《そし》るも足《た》らざるとせず、天下挙《てんかこぞ》って誉《ほ》むるも足《た》れりとせざるは、自ら信ずるの厚きがゆえなり」

人間の正しい道をふみ行なう者は確固不動《かっこふどう》の信念があるから、天下の人全てが非難《ひなん》しても不満に思わず、逆に万人《ばんにん》から誉めそやされても満足したりいい気になったりしない。いかなる毀誉褒貶《きよほうへん》にも決して心を動揺《どうよう》させない。「西郷《さいごう》は勝《かつ》に騙《だま》された」といわれながら、万難《ばんなん》を排《はい》して談判《だんぱん》をやり遂《と》げ明治維新《めいじいしん》を成就《じょうじゅ》した西郷の金言《きんげん》である。

「天下後世《てんかこうせい》までも信仰悦服《しんこうえっぷく》せらるるものは、ただこれ一箇《いっこ》の真誠《しんせい》なり」

人間の倫理《りんり》・道徳《どうとく》の中で最も大切なものが、誠《まこと》(至誠《しせい》・真誠《しんせい》)、真心《まごころ》である。誠・真心が神の心である。誠・真心だけが永遠に人々から信仰され、心から悦ばれ人々はそれに服《ふく》する。わが国歴史上の真《しん》の偉人《いじん》はことごとくみな誠・真心を最も重んじ誠の道を踏《ふ》み行なった。西郷は勝の言う「大誠意《だいせいい》」の人物であった。

「事大《ことだい》小《しょう》となく正道《せいどう》を踏《ふ》み至誠《しせい》を推《お》し、一事《いちじ》の詐謀《さぼう》を用《もち》うべからず」

物事は大小かかわりなく正しい道を踏み、至誠をもって行なわなければならない。いつわりあざむき人を騙《だま》す非道《ひどう》を行なってはならない。日本の政治指導者の中で西郷《さいごう》ほど正道《せいどう》、道義《どうぎ》、大義名分《たいぎめいぶん》（根本の道と国民として守るべき忠義《ちゅうぎ》）、条理《じょうり》（正しい筋道）を重んじこれを至誠《しせい》をもって実践した人物は少ない。

政治の根本と政治家の姿勢

「忠孝仁愛教化《ちゅうこうじんあいきょうか》の道は政事《せいじ》（政治のこと）の大本《おおもと》にして、万世《ばんせい》にわたり宇宙《うちゅう》にわたり易《か》うべからざるの要道《ようどう》（最も大切な道）なり。道は天地自然のものなれば、西洋といえども決して別なし」

政治の根本は、国民一人一人の天皇と国家への忠義《ちゅうぎ》・忠誠《ちゅうせい》、親への孝行《こうこう》、人間たがいの仁愛《じんあい》・慈悲《じひ》の心をおし開くことにあり、この人間の道を教えさとす教育・教化《きょうか》にある。これは昔も今もそして全世界において全く変ることのない最も大切な道である。道は神から与えられたものだから、欧米諸国《おうべいしょこく》においてもこの政治の根本は少しも異《こと》なることはない。これが政治家としての西郷の根本信念《こんぽんしんねん》であった。

「人智《じんち》を開発するとは、愛国忠孝《ちゅうこう》の心を開くなり。国に尽《つく》し、家に勤《つと》むるの道明《あき》らかならば、百般《ひゃっぱん》の事業は従って進歩すべし」

ここで重ねて忠と孝、愛国の大切さを語り、忠孝の心をもって国と家に尽すことを教えることが、人智を開いてゆく教育の根本であることをのべている。

「節義廉恥《せつぎれんち》を失いて国家を維持《いじ》するの道決して有《あ》らず。西洋各国同然《どうぜん》なり」

節義《せつぎ》は節操《せっそう》（人間の正しい心）と道義《どうぎ》。廉恥《れんち》は恥を知る正しく清らかな心。節義と廉恥をしっかり保《たも》つことが国家を維持する道であり、それは欧米諸国も同じだというのである。

「万民《ばんみん》の上に位する者、己《おの》れを慎《つつし》み、品行《ひんこう》を正しくし、驕奢《きょうしゃ》を戒《いまし》め、節倹《せっけん》を勉《つと》め、職事《しょくじ》に勤労《きんろう》して人民《じんみん》の標準《ひょうじゅん》となり、下民《かみん》その勤労《きんろう》を気の毒に思うようならでは、政令《せいれい》は行なわれ難《がた》し。しかるに草創《そうそう》の始《はじ》めに立ちながら、家屋《かおく》を飾《かざ》り衣服《いふく》を交《かざ》り美妾《びしょう》を抱《かか》え蓄財《ちくざい》を謀《はか》りなば、維新《いしん》の功業《こうぎょう》は遂《と》げられまじきなり」

国家、政府の指導者のあるべき姿勢についてのべたものである。西郷《さいごう》はこの姿勢を貫《つらぬ》いたが、一部にこれに反する者がいた。西郷が新政府にいたとき持参《じさん》する昼弁当は大きなおにぎりが一個である。ほかの人々は重箱《じゅうばこ》の豪華《ごうか》な弁当だったから、質素な西郷の生活ぶりを煙《けむ》たく思った者もいた。

「廟堂《びょうどう》(政府)に立ちて大政《たいせい》を為《な》すは天道《てんどう》を行なうものなれば、ちとも(少しも)私《わたくし》を挟《はさ》みてはすまぬものなり。いかにも心を公平《こうへい》にとり正道《せいどう》を踏《ふ》み、広く賢人《けんじん》を選挙し、よくその職にたうる人《ひと》を挙《あ》げて政柄《せいへい》を執《と》らしむる(政治をさせる)はすなわち天意《てんい》なり。それゆえ真に賢人《けんじん》と認むる以上は、直《ただ》ちにわが職を譲《ゆず》るほどならではかなわぬものぞ」

政治とは天道、神の道を行なうものだから、私心を捨て公正《こうせい》な道を踏《ふ》むとともに、最も賢明《けんめい》な人を選びその人に政治をとらせなければならない。従って真に賢人と認めれば直ちにその人に職務を譲る心構えでいなければならないというのである。西郷には少しも地位・権力・名声を求める野心がなかった。

「広く各国の制度を採《と》り開明《かいめい》に進まんとならば（するならば）、先《ま》ず我《わ》が国《くに》の本体《ほんたい》をすえ、風教《ふうきょう》（倫理道徳《りんりどうとく》の教え）を張り、しかして後徐《のちしず》かに彼《か》の長所を斟酌《しんしゃく》（取捨選《しゅしゃせん》択《たく》すること）するものぞ。しからずして猥《みだ》りに彼に倣《なら》いなば、国体《こくたい》は衰頽《すいたい》（衰えすたれること）し風教は萎靡《いび》（衰《おとろ》え弱ること）して匡救《きょうきゅう》（救うこと）すべからず。終《つい》に彼《か》の制《せい》を受くるに至《いた》らんとす」

欧米諸国《おうべいしょこく》の制度、文明をとりいれる際に何より大切なことは、まずわが国の天皇を戴《いただ》く国体《こくたい》をしっかりと立て、忠孝仁愛《ちゅうこうじんあい》の倫理道徳の根本を不動《ふどう》にした上で、決して急がず西洋文明の長所を取捨選択《しゅしゃせんたく》すべきである。そうせずに西洋文明崇拝《すうはい》におちいりやみくもに全て西洋を手本として見習うならば、わが国体《こくたい》は衰《おとろ》え傾《かたむ》き、忠孝仁愛《ちゅうこうじんあい》の倫理道徳が破壊《はかい》されてやがて欧米《おうべい》の隷属国《れいぞくこく》となってしまうであろう。明治の前半期、西洋文明崇拝の風潮《ふうちょう》が高まり欧化主義《おうかしゅぎ》が一世《いっせい》を蔽《おお》ったが、西郷《さいごう》はそれを予見《よけん》して警鐘《けいしょう》したのである。

「政《まつりごと》の大体《だいたい》は、文《ぶん》を興《おこ》し、武《ぶ》を振《ふる》い、農を励《はげ》ますの三つにあり。その他百般《ひゃっぱん》の事務は皆この三つの物を助くるの具《ぐ》（道具・手段）なり」

政治とは文を興して忠孝仁愛《ちゅうこうじんあい》の道を開くこと。武を興して自国を守り抜く精神を固くして国家民族の独立と生存《せいぞん》を堅持《けんじ》すること。諸産業の根本である農業を大切にすること。この三つが政治の根本であることは古今《ここん》の鉄則《てっそく》である。西郷は本当の政治を知る真《しん》の政治家であった。

「正道《せいどう》を踏み国を以《もっ》て斃《たお》るるの精神なくば、外国交際は全《まった》かるべからず。彼《か》の強大に畏縮《いしゅく》し、円滑《えんかつ》を主《しゅ》として曲《ま》げて彼《か》の意《い》に順従《じゅんじゅう》するときは軽侮《けいぶ》を招《まね》き好親《こうしん》（交友関係）却《かえ》って破れ、終《つい》に彼《か》の制《せい》を受《う》くるに至《いた》らん」

他国との外交において根本となるのもやはり正道、道義《どうぎ》である。相手がいかに強大だからといってそれに恐《おそ》れおののき、彼らが日本に対していかに非道《ひどう》、無法《むほう》を働いても事《こと》なかれ主義で屈従《くつじゅう》するならば、ますます彼より軽蔑《けいべつ》侮辱《ぶじょく》されて、いかに和親《わしん》を求めてもそれはならず、最後に欧米《おうべい》の隷属国《れいぞくこく》になるほかはない。幕《ばく》末《まつ》の徳川幕府《とくがわばくふ》の対外外交が全くこの通りであったから、西郷は明治の日本がこの土下座外交《どげざがいこう》を繰《く》り返《かえ》さないよう警告《けいこく》したのである。

「文明とは道《みち》の普《あまね》く行なわるるを賛称《さんしょう》せる言《げん》にして、宮室《きゅうしつ》の壮厳《そうごん》、衣服の美麗《びれい》、外観《がいかん》の浮華《ふか》（上べのはなやかさ）を言うにはあらず。世人《せじん》の唱《とな》うる所《ところ》、何が文明やら、何が野蛮《やばん》やらちとも分《わか》らぬぞ。予《よ》(私)かつてある人と議論せしことあり。西洋は野蛮《やばん》じゃと言いしかば、いな文明ぞと争う。いな野蛮じゃとたたみかけしに、何とてそれほどに申すにやと推《お》せし(強く言うこと)ゆえ、実に文明ならば未《み》開《かい》の国に対しなば慈愛《じあい》を本《もと》とし、懇々説諭《こんこんせつゆ》して(ねんごろに説きさとして)開明《かいめい》に導くに、さはなくして未開曚昧《みかいもうまい》(人知が開けず発達が遅れていること)の国に対するほどむごく残忍《ざんにん》(無慈悲《むじひ》、残酷《ざんこく》なこと)なことをいたし、己《おの》れを利するは野蛮じゃと申せしかば、その人口《ひとくち》をつぼめて言《げん》なかりき」

西郷《さいごう》は西洋文明の本質を見抜いていた。それゆえに、西洋が真《しん》に文明の国ならば未開の非西洋諸国に対して慈愛《じあい》の心をもってやさしくねんごろに説きさとして開明に導くべきなのに、そうではなく未開の国に対するほど無慈悲《むじひ》で残酷《ざんこく》なことを行ない彼らを侵略し支配するのは、文明ではなく野蛮そのものの非道《ひどう》だと断じたのである。文明とは天の道・神の道に立つ正しい人間の道がいかなる時いかなる所でも踏み行なわれることをほめたたえる言葉であるというのが、西郷の文明観である。このような正しい文明観を持つ西郷であったからこそ、わが国を植《しょく》民地《みんち》として支配せんとする欧米列強《おうべいれっきょう》から、日本の独立を守り抜き祖国を新生する明治維新《めいじいしん》を成就することができたのである。

日本の名物・西郷

西郷が明治十年、鹿児島で悲劇の最期《さいご》を遂《と》げた時、その死を最も嘆《なげ》き悲しんだのは明治天皇であり、もう一人は勝海舟《かつかいしゅう》である。勝は次の弔《とむら》いの詩を捧げた。

亡《な》き友南洲氏《ともなんしゅうし》
風雲大是《ふううんたいぜ》を定《さだ》む
衣《ころも》を払《はら》って故山《こざん》に去る
胸襟淡《きょうきんあわ》きこと水の如《ごと》し
悠然《ゆうぜん》として自《みずか》ら耕《たがや》すを事《こと》とす

嗚呼《ああ》一高士《いちこうし》
只《ただ》道《い》う自《みずか》ら正《せい》に居《お》ることを
豈《あに》国紀《こっき》を紊《みだ》さんことを意《おも》わんや
図《はか》らずも世変《せへん》に遭《あ》い
甘《あま》んじて賊名《ぞくめい》の訾《そしり》を受けんとは
笑いて此《こ》の残骸《ざんがい》を擲《なげう》ち
以《もっ》て数弟子《すうていし》に付《ふ》す
毀誉《きよ》は皆《みな》皮相《ひそう》
誰《だれ》か能《よ》く微旨《びし》を察《さっ》せん
唯《ただ》精霊《せいれい》の在《あ》る有《あ》り
千載《せんざい》知己《ちき》を存《そん》せん

（風雲急を告げる幕末《ばくまつ》の最大の国難時《こくなんじ》、西郷《さいごう》は明治維新《めいじいしん》の大業《たいぎょう》を成《な》し遂《と》げた。しかし明治六年、政府首脳《しゅのう》の地位を去って帰郷《ききょう》した。西郷の高貴《こうき》な心は水のごとく淡《あわ》く清らかだ。一農民となって心静かに農耕に励む日を送る西郷は真《しん》に立派な高士《こうし》だ。常に天を敬《うやま》う心をもって正道《せいどう》を踏《ふ》み行なうことを信条《しんじょう》としている西郷が、国家に反逆《はんぎゃく》するなどということがどうしてありえよう。大久保利通《おおくぼとしみち》の支配する政府が西郷に国賊《こくぞく》の汚名《おめい》を着せて抹殺《まっさつ》しようとしたのが西南戦争《せいなんせんそう》であった。西郷は我が身《み》を投げ出して部下と最期《さいご》をともにした。世間の西郷に対する毀誉褒貶《きよほうへん》はみな表面的で浅薄《せんぱく》なものにすぎない。一体誰が西郷の深い心の奥底を知りえよう。知っているのはただ私一人だ。西郷の肉体は滅《ほろ》びた。しかし彼の比類《ひるい》ない気高《けだか》い魂《たましい》は永遠に不滅《ふめつ》である。西郷の魂がある限り千年の後、西郷を真に理解する人物が出て来るであろう。）

勝海舟《かつかいしゅう》のはらわたからしぼり出された西郷への涙の弔《とむら》いの詩であり、この不《ふ》世出《せいしゅつ》の英傑《えいけつ》へのこの上ない敬仰《けいぎょう》の賛歌《さんか》であった。

西郷の人物に心から打たれた一人、歴史物語作家の木村毅《きむらたけし》はこうのべている。昭和十年代の言葉である。

「この十四、五年来《らい》、維新史の渉猟《しょうりょう》（研究）がようやく詳《くわ》しきを加えてくるとともに、西郷《さいごう》のえらさが初めて分《わか》り、彼こそ二千六百年を通じての日本人の最上の代表であり、世界中さがしてもこれだけスケール（寸法、規模《きぼ》、大きさ）の大きい人物は一寸《ちょっと》見つからないような気がしてきはじめた」

西郷が日本を代表する大人物であるとともに、世界に類《たぐ》いなき者との言葉に私は深く同感する。明治・大正・昭和の大言論人で歴史家でもあった徳富蘇峰《とくとみそほう》はこうのべている。

「彼（西郷）は唯何人《ただなんぴと》も敢《あ》えてせざる大難《たいなん》（大きな困難）を侵《おか》し（立ち向い）、大疑《たいぎ》（最大の難問、幕末未曽有《ばくまつみぞう》の国難《こくなん》においていかにして日本の独立を維持《いじ》し日本を新生させるかということ）を決し、天下の大事《だいじ》（明治維新《めいじいしん》の成就《じょうじゅ》）に任《にん》ずる（自己の任務とすること）をもってその本分《ほんぶん》としていた」

「もし富士山が天然《てんねん》の作りたる日本の名物《めいぶつ》であれば、西郷さんは人間の作りたる日本の名物であろう。富士山の崇高《すうこう》（気高く美しいこと）は我らをしてただ敬仰《けいぎょう》

（敬《うやま》い仰《あお》ぐこと）せしむる。西郷さんの英雄的風神《えいゆうてきふうしん》（風貌《ふうぼう》にあらわれた精神）は我らをしてただ陶酔《とうすい》（うっとりすること、酔《よ》うこと）せしむる」

「西郷こそ本統《ほんとう》（正統・伝統）の日本男児《にっぽんだんじ》、本統の日本的英雄、全く伝統的日本の大精神を代表するところの英雄」

「彼を知ると知らざるとに論《ろん》なく、彼を愛慕《あいぼ》し、尊崇《そんすう》し、ほとんど偶像視《ぐうぞうし》（特定の人物を神のごとく尊敬すること）するに至《いた》らしめたる所以《ゆえん》（理由、わけ）は、西郷が軍人としてでもなく政治家としてでもなく、人間として実に大なる魅力《みりょく》を持っていた為といわねばならぬ。西郷は日本国民に生ける英雄《えいゆう》として千古《せんこ》に（永遠に）存《そん》する。日本国の存する限り彼は日本国とともに生きるであろう。大和民族《やまとみんぞく》の存する限り、彼は大和民族とともに生きるであろう」

これ以上はない絶賛《ぜっさん》である。この上なき人間の名物、人間の富士山が西郷であった。近代世界史唯一《ゆいいつ》の奇蹟《きせき》明治維新はまさしく西郷がいたから可能であったのである。類稀《たぐいまれ》な気高く美しい心——明《あか》き清《きよ》き直《なお》き誠《まこと》の心——をもって近代日本の基礎を定めて、天皇陛下を戴《いただ》く新生日本を誕生させた西郷隆盛《さいごうたかもり》は古今《ここん》に二人とない代表的日本人である。いつも棺桶《かんおけ》に片足を入れたような生死を超越した風格《ふうかく》を漂《ただよ》わせる西郷は、今なお私たち日本人の魂を強く打ち続けてやまない。欧米主《おうべいしゅ》導《どう》の世界史を根本から変える出発点となった歴史的偉業《れきしてきいぎょう》・明治維新《めいじいしん》に最大の貢献《こうけん》をした西郷隆盛という人物を持ち得たことは、私たち日本民族の悦びであり誇りである。

上衣《うわぎぬ》は　さもあらばあれ　敷島《しきしま》の
　大和錦《やまとにしき》を　心にぞ着る
　　※敷島＝日本　大和錦＝大和魂《やまとだましい》

（上に着る着物はたとえなくてもかまわない。私は日本人として大和魂を身《み》につけているから。）〈西郷和歌〉

参考文献

『西郷隆盛全集』大和書房　昭和51〜55年
『西郷南洲遺訓』岩波文庫　昭和14年
『氷川清話』勝海舟　講談社学術文庫　平成12年
『海舟座談』勝海舟　岩波文庫　昭和58年
『近世日本国民史』徳富蘇峰　時事通信社　昭和35〜37年
『西郷隆盛』家近良樹　ミネルヴァ書房　平成29年
『西郷隆盛と幕末維新の政局』ミネルヴァ書房　平成23年
『西郷隆盛と明治維新』坂野潤治　講談社現代新書　平成25年
『達人南洲』木村毅　潮文閣　昭和17年
『西郷隆盛』海音寺潮五郎　学習研究社　昭和52年
『大西郷全伝』雑賀博愛　全伝刊行会　昭和14年
『永遠の維新者』葦津珍彦　二月社　昭和50年
『大西郷』横山健堂　弘学館書店　大正4年

第二話　西郷隆盛――古今不世出の代表的日本人

『代表的日本人』内村鑑三　岩波文庫　平成7年
『山岡鉄舟を語る』牛山栄治　井田書店　昭和17年
『廃藩置県』勝田政治　講談社選書メチエ　平成12年
『類纂新輯明治天皇御集』明治神宮編纂　平成2年
『明治天皇紀』宮内庁編　吉川弘文館　昭和43～52年
『明治天皇御製謹話』千葉胤明　講談社　昭和13年
『明治大帝』飛鳥井雅道　筑摩書房　平成元年
『島津斉彬公伝』池田俊彦　中公文庫　平成6年
『島津久光と明治維新』芳即正　新人物往来社　平成14年
『徳川慶喜』家近良樹　吉川弘文館　平成26年
『懐往事談』福地源一郎　大空社　平成5年
『欧米の侵略を日本だけが撃破した』ヘンリー・S・ストークス　藤田裕行訳　悟空出版　平成29年
ほか

第三話

小村壽太郎
——近代随一《ずいいち》の政治家・外交家《がいこうか》

小村壽太郎

安政2年(1855)～明治44年(1911)現在の宮崎県日南市に下級武士の子として生まれる。駐米・駐露・駐清公使をつとめ桂内閣の外務大臣となる。ポーツマス講和条約成立に尽力。(写真提供・宮崎県日南市)

1、前半生《ぜんはんせい》の苦難《くなん》と試練《しれん》

近代随一《ずいいち》の外交家《がいこうか》

明治の一大国難《いちだいこくなん》が日露戦争《にちろせんそう》であった。この戦いの奇蹟《きせき》的勝利をもたらす上に最も活躍した人物が、軍人では乃木希典《のぎまれすけ》と東郷平八郎《とうごうへいはちろう》、政治家外交家では小村壽太郎《こむらじゅたろう》である。

国家の運命を決《けっ》する戦争は、軍隊と軍人が力を尽《つく》すだけでは勝利できない。戦争の前後に同時に行なわれる政治外交が適切《てきせつ》でなければ最終的勝利は得られない。政治外交と軍事は車の両輪《りょうりん》であり、政治外交と軍事の両戦略《りょうせんりゃく》（方針、はかりごと、かけひき）がうまく噛《か》み合《あ》わなければ、戦いに勝てず戦争の目的を達成できない。

小村壽太郎《こむらじゅたろう》は桂太郎内閣《かつらたろうないかく》の外務大臣《がいむだいじん》として開戦と終戦における対ロシア外交において卓越《たくえつ》（とび抜けてすぐれていること）した手腕《しゅわん》を発揮《はっき》して、日本の戦争目的を達成《たっせい》する上に最も大きな外交的貢献《こうけん》をした。小村の働きは乃木《のぎ》、東郷《とうごう》という当時の国民的英雄に比べて決して劣らぬものがあった。

明治から今日まで数多くの外交家が出たが小村以上の人物はいなかった。明治日本の二大外交課題は、朝鮮問題と条約改正問題である。小村は七年余りの外相《がいしょう》時代にこの二つの難題《なんだい》を見事に解決した。小村の実績《じっせき》は歴代外相《れきだいがいしょう》の中《なか》で誰一人比肩《ひけん》（肩を並べること）し得《う》る者はいない。首相にこそならなかったが、日露戦争《にちろせんそう》前後の困難を極めた政治外交を一手《いって》にとりしきり、日本を世界の一等国に押し上げた中心人物は、首相の桂太郎でも元老《げんろう》の伊藤博文《いとうひろぶみ》、山県有朋《やまがたありとも》でもなく実《じつ》に外相小村壽太郎であった。小村こそ近代随一《ずいいち》の外交家《がいこうか》であるとともに、光輝《こうき》ある近代日本の最高の政治家の一人であった。

しかし昭和二十年（一九四五）、大東亜戦争《だいとうあせんそう》に敗れて以来七十数年間、学校の歴史教育が歪《ゆが》められ小村はほとんど無視否定されて、その名前すら少年少女らに知られなくなった。明治維新《めいじいしん》時の志士《しし》を除き近代日本第一の政治家外交家小村壽太郎を知ることは、近代日本の困難に満ちた栄光の歴史を知ることにほかならない。

大学南校《だいがくなんこう》・アメリカ留学

小村壽太郎は安政《あんせい》二年（一八五五）九月二十六日、日向国飫肥《ひゅうがのくにおび》（宮崎県日南市《にちなんし》）に生まれた。父は飫肥藩士《おびはんし》小村寛《ひろし》、壽太郎《じゅたろう》は長男、弟妹は五人いた。幼少時、大きな感化《かんか》を受けたのが祖母熊子《くまこ》である。晩年小村はこう語っている。

「熊子はちょっと珍しい婦人であった。昔の人であるから学問の素養《そよう》はなかったけれども、侵《おか》すべからざる気象《きしょう》（心もち）を具《そな》えていた。そして暇《ひま》あるごとに私を膝《ひざ》近くに呼び寄せて、あるいは義経《よしつね》の話をしたり弁慶《べんけい》の故事《こじ》（昔のできごと）を語り、あるいは秀吉《ひでよし》の逸話《いつわ》を談じ源平《げんぺい》の旧事《きゅうじ》（古い話）を聞かせるなどして、努《つと》めて武士道的《ぶしどうてき》な教訓《きょうくん》を与えるのが常であった。しかもそんな話にはなかなか精《くわ》しくかつ話上手《はなしじょうず》であったから、私は寝ても起きてもそれを聞くのが何より楽しみであった」

小村は七歳の時、藩校振徳堂《はんこうしんとくどう》に入《はい》り十五歳まで学んだ。小村は祖母《そぼ》譲《ゆず》りの気高《けだか》い心を備え正直・誠実で言葉少ない落ち着いた少年であった。体は小さかったが強い意志と胆力《たんりょく》（物事《ものごと》に動じない気力、肝玉《きもったま》）は並はずれていた。根気《こんき》強く努力家でもあった。頭脳は藩校一優秀で何より読書を好んだ。背は低く体は細かったが、写真を見ると眉目秀麗《びもくしゅうれい》な気品《きひん》にあふれた貴公子《きこうし》のごとき容貌《ようぼう》であった。少年時の小村につき振徳堂の教師と友人はこう語っている。

「侯《こう》（小村は晩年、侯爵《こうしゃく》を授かる）の容貌は美にして冠玉《かんぎょく》（冠《かんむり》の美しい玉）に似たりとでも評すべきか。記憶が良く沈着《ちんちゃく》（落ち着いていること）で百折不撓《ひゃくせつふとう》（いかなる困難にも屈しないこと）、己《おの》れの志《こころざし》したことは万難《ばんなん》を排《はい》しても必ずこれを遂《と》げなければ止《や》まないというお方でした。しかし頑固《がんこ》な質《たち》(性質)でなかった」

「侯はいたって寡黙《かもく》で少女の如《ごと》き人であった。しかし威《い》あって猛《たけ》からずでなかなかなれ易《やす》からぬ人であった。私ども同職間では後世《こうせい》必ず名を成す人であると望みを嘱《しょく》し(かけること)ていた」

「侯は非常な勉強家でまた負けじ魂《だましい》の強い人であった。私ども在校時代には武術《ぶじゅつ》の稽古《けいこ》が盛んで、みな撃剣《げきけん》を使いました(剣道を行なうこと)。普通の者は二掛《ふたかかり》も使う(二回の稽古)とくたびれてしまうのに、侯は一日八掛《はちかかり》も使われるのが例であった。いかに侯が根気強いお方であったかが伺《うかが》われましょう」

振徳堂八年間の文武両道《ぶんぶりょうどう》の教育において、小村の人格と学問の基礎《きそ》が固められ、武士としての魂と日本人としての信念はこの時に十分磨《みが》かれた。この時代、小村に最も感化《かんか》を与えたのが飫肥藩《おびはん》きっての人物といわれた小倉処平《おぐらしょへい》である。九つ年上の藩校の一教師であった。明治二年、小倉は小村の人物と才能を誰よりも認め長崎へ連れ出しここで英語を学ばせた。翌年、小村は小倉の推薦《すいせん》により大学《だいがく》南校《なんこう》(後に開成《かいせい》学校、東京帝国大学)に進んだ。十六歳の時である。

大学南校《だいがくなんこう》は全国各藩《かくはん》より十代の最も優秀な青年約三百名が集められた。大学南校は法科と理科より成る。明治六年、開成学校《かいせいがっこう》と改称《かいしょう》して法科は法学部となったが、小村はその級長に選ばれた。各藩えり抜きの秀才たちはみな真剣に学んだが、小村は最も優秀であった。明治五年、明治天皇が行幸《ぎょうこう》された時、小村は学生を代表して御前講演《ごぜんこうえん》を行なった。小村は「開成学校の三傑《さんけつ》」と呼ばれた一人である。他の一人が、昭和天皇が皇太子時代、「倫理《りんり》」をご進講《しんこう》した杉浦重剛《すぎうらしげたけ》である。小村生涯《しょうがい》の親友であった。

明治八年(一八七五)二十一歳で卒業した小村はアメリカに留学し、ハーバード大学で学んだ。二年間学んだがアメリカ人学生にひけをとらずここでも最優秀であった。この時代は白人の非白人《ひはくじん》への人種差別《じんしゅさべつ》が激しかったが、小村はアメリカでいやな思いをしていない。こう語っている。

「私は留学時代に教師仲間から愛されていたのは勿論《もちろん》、体は小さかったけれども決して彼《か》の国の学生の間に交《まじ》ってもただに軽侮《けいぶ》(軽蔑《けいべつ》・侮辱《ぶじょく》)されぬのみならず、かえって非常に尊敬されていた。その証拠《しょうこ》には時《とき》に彼らと道であった際《さい》、普通の学生同士の間にも交換される挙手《きょしゅ》の礼に代《か》うるに、私に対しては一々帽子をとって敬意を表したものである。これはつまり私の平素《へいそ》の行状《ぎょうじょう》が誠実《せいじつ》で一点のごまかしがなく、さらに非難《ひなん》すべきものがなかったのによることであろう……」

武士として躾《しつけ》られた小村の挙措《きょそ》（身《み》の振舞《ふるまい》、行為）には品位《ひんい》と沈着《ちんちゃく》と自然の威儀《いぎ》が備わり、その上に米人学生《べいじんがくせい》以上の学識《がくしき》を有したから、彼らは小村を侮《あなど》るどころか驚くほどの畏敬《いけい》（おそれうやまうこと）の態度を示したのである。小村は当時の留学生がとかくそうなりがちな欧米崇拝《おうべいすうはい》、西洋一辺倒《いっぺんとう》に決して陥《おちい》らず、ゆるぎない大和魂《やまとだましい》をもって一心《いっしん》に学んだのである。

苦難と試練《しれん》の十年

明治十三年、二十六歳の時に帰国した小村は司法省《しほうしょう》（現在の法務省）に入《はい》った。外務省ではなかったのである。日本でもアメリカでも主《しゅ》として法律を学んだから、法律家の道を選んだ。翌年、旧幕臣朝比奈孝一《ばくしんあさひなこういち》の二女満知子《まちこ》と結婚し、二人の間には二男一女を授かった。小村は司法省《しほうしょう》には三年半しかいなく明治十七年、外務省に移った。親友杉浦重剛《すぎうらしげたけ》の勧《すす》めであった。三十歳の時である。

英語がよく出来《でき》た小村は翻訳局《ほんやくきょく》に属し、以後翻訳局が廃止になるまで九年間ここにいた。その間に次長、局長となるが、同じ部局に約十年間もいるのは珍しく、かげで「万年翻訳局長」と言われるのである。「開成学校《かいせいがっこう》の三傑《さんけつ》」とまでたたえられ、アメリカ留学までして前途洋々《ぜんとようよう》と思われたのに、帰国後十数年、日の当《あた》らぬ不遇《ふぐう》の時代が続いた。当時の外務省の大臣や次官は小村の真価《しんか》がわからなかったのである。

またこの間《かん》に小村が苦しんだのが、父が残した莫大《ばくだい》な借金の返済《へんさい》である。父の寛《ひろし》は経済的手腕《けいざいてきしゅわん》があり廃藩置県後《はいはんちけんご》、会社を興《おこ》して一時繁栄《はんえい》したが結局失敗して没《ぼっ》落《らく》、大きな借金を残した。その返済の責任を小村が背負ったのである。小村は高給取りだが、給料の大半を借金払いに当てなければならなかった。払っても払っても払いきれず、小村自身も高利貸《こうりがし》から借金したが、父の借金と合わせて今日の金額で三億円ほどになる。

当然、家計《かけい》は火の車となる。家から家財道具《かざいどうぐ》らしきものはほとんどなくなった。売り払うか質屋《しちや》行きだ。小村が妻に渡す金は必要最小限の生活費だけ、何とか食べて行くだけで精一杯という生活が十年以上も続いた。小村には一着の色褪《いろあ》せたフロックコートがあるのみで、雨天に傘《かさ》なく乗るに車（人力車《じんりきしゃ》）がなかった。役所で昼弁当を取ろうにも店の支払いが滞《とどこお》っていることが多いから断られることもあり、そのときは茶をすすり空腹《くうふく》をしのいだ。外務省では時々宴会《えんかい》が行なわれるが、小村は会費を払うことができない。それでも後払《あとばら》いということにして平《へい》然《ぜん》と出席した。これに閉口《へいこう》した幹事《かんじ》は宴会の期日を知らせないようにした。しかし素早《すばや》く察知《さっち》した小村は定刻《ていこく》にやってきて人並以上に飲食し快活《かいかつ》に談笑《だんしょう》した。幹事はあきれかつあきらめて以後通知した。外務省の仲間は「小村は到底尋常《とうていじんじょう》（ふつう）の人間ではない」と評した。

小村は借金地獄《じごく》の中でもがき苦しんだ。このままでは小村がつぶれてしまうと心配したのが、杉浦重剛《すぎうらしげたけ》ら大学南校《だいがくなんこう》以来の旧友たちである。杉浦らは小村救済の方法を考え出し、高利貸二十余人を説得して借金を割引させることを承諾させた。借金払いはなお続くが学友の厚い友情により大幅に軽減《けいげん》され、ようやく長年の借金苦《しゃっきんく》から抜け出すことができたのである。小村は旧友たちの友情に涙した。

困難に満ちた辛苦《しんく》の時代を、小村は持ち前の剛毅不屈《ごうきふくつ》の精神でよく耐《た》え忍《しの》び乗り越えた。ふつうなら気力が萎《な》え失《う》せてしまうところだが、決して心を腐《くさ》らせ気《き》魄《はく》を衰《おとろ》えさせることはなかった。翻訳局《ほんやくきょく》ではたいした仕事はないから、すきっ腹をかかえて読書につとめた。読書範囲は広く内外の書物を読みあさり、歴史、政治、外交、経済等重要な事柄はほとんど知り尽《つく》した。小村の人物、学問、見識《けんしき》はこの困苦《こんく》と失意《しつい》の時代に一層鍛《いっそうきた》えられ磨《みが》かれたのである。この十年間の困難、忍苦《にんく》、逆境《ぎゃっきょう》、試練《しれん》が結局小村の人格を完成させた。この十年がなかったならば後年《こうねん》の小村はなかったと息子が語っている。歴史上の偉人に共通するのが、こうした並々ならぬ艱難辛苦《かんなんしんく》である。いかに素晴らしい素質、才能があってもこうした艱苦《かんく》によって鍛錬《たんれん》されない者は決して大成《たいせい》し得《え》ない。

しかしこの間《かん》、小村以上の辛苦を嘗《な》めたのは夫人の満知子《まちこ》である。新婚早々の楽しみも束《つか》の間《ま》、家計のやりくりに苦しみ抜いた。家財道具もあらかた失い、借金取りが押しかけるたびに、畳《たたみ》に額《ひたい》をこすりつけてあやまらなければならなかった。十数年の借金地獄の生活はいまだ年若い妻にはあまりにも重荷《おもに》で痛苦《つうく》そのものであった。どうすることも出来《でき》ない小村は、妻にいうべからざる苦労をかけたことを心中《しんちゅう》深く詫《わ》びた。しかし満知子夫人は家庭を守り三人の子供を立派に育て上げた。子供は健《すこや》かに成長し両親を敬愛《けいあい》した。眼中《がんちゅう》あるものは国家のみという小村の姿に、幼な心にも「お父さんは国の為に尽《つく》す人」と思ったと語っている。

終生《しゅうせい》の課題・朝鮮問題

「万年翻訳局長」として燻《くすぶ》っていた小村を並々ならぬ人物と見抜いたのが、外《がい》相《しょう》陸奥宗光《むつむねみつ》である。明治時代、小村に次ぐ外交的貢献《こうけん》をしたのが陸奥であった。陸奥は日清戦争《にっしんせんそう》を勝利に導き、治外法権《ちがいほうけん》(領事裁判権《りょうじさいばんけん》ともいう。外国人が日本国内で罪を犯《おか》した場合、日本の裁判所ではなく外国の外交官が裁判を行なう権利)を撤廃《てっぱい》させた外相《がいしょう》である。もし長生きしたならば首相になりうる手腕《しゅわん》をもった人物であり、すぐれた人材《じんざい》を見つけ出すことに人一倍情熱を傾《かたむ》けた。

明治二十六年、小村は駐清代理公使《ちゅうしんだいりこうし》となった。三十九歳の時である。駐清公使の大鳥圭介《おおとりけいすけ》は駐韓《ちゅうかん》公使を兼任し通常は京城《けいじょう》（現在のソウル）にいた。従って小村が事実上の駐清公使である。北京《ぺきん》行きは小村の希望であった。

明治日本の最も重要な外交課題の一つが、条約改正問題である。徳川幕府《とくがわばくふ》が欧《おう》米《べい》諸国と結んだ不平等条約を改正するのに、明治政府は約半世紀間の努力を要《よう》した。もう一方の朝鮮問題は条約改正問題以上に困難であった。この解決の為に日《にっ》清戦争《しんせんそう》と日露戦争《にちろせんそう》をしなければならなかったからである。小村は朝鮮問題の解決を外交官としての自分の使命《しめい》とした。北京に立つ時、親しい人に、

「日本にはまだ外交はないのだ。真《しん》の外交はこれから起こってくるのだ」

と決意を語っている。初めて外交の舞台《ぶたい》に立つ時、すでに小村は日本外交を双肩《そうけん》に担《にな》い、これを力強く発展させる者は自分のほかにないという覚悟《かくご》を抱《いだ》いたのである。以後なくなる五十七歳の時まで、誰もが予想しなかった外交家小村壽太郎《こむらじゅたろう》

の大活躍が繰《く》り広げられるのである。

朝鮮問題とは何であろう。わが国と朝鮮は古代より密接《みっせつ》な歴史的関係がある。古代、朝鮮半島の南部には日本人が生活していた。ここには前方後円墳《ぜんぽうこうえんふん》もあるが日本人が造ったものである。

いかなる国家も地理的環境《かんきょう》を無視して、その独立と安全を維持《いじ》できない。日本の独立と安全を守る上に、朝鮮半島の占《し》める位置は極《きわ》めて重要である。日本列島と朝鮮半島の地理的関係を人体《じんたい》にたとえていうと、ちょうど下腹《したはら》に短刀《たんとう》を突きつけた様《よう》なかたちである。半島の国家が反日的《はんにちてき》、敵対的《てきたいてき》になったり、あるいは大陸の強大国家《きょうだいこっか》に支配されたならば、日本はどうなるであろうか。日本の独立、生存《せいぞん》、安全にとりそれは重大な脅威《きょうい》となることは、過去の歴史が物語っている。

鎌倉時代、蒙古《もうこ》（元《げん》）が二度にわたって日本に攻めてきた（「元寇《げんこう》」という）。この時半島を支配していた国家は高麗《こうらい》だったが、高麗は蒙古に敗れて服属《ふくぞく》し、元寇のとき蒙古軍の一員として日本侵略に加わったのである。当時の蒙古は世界最強といわれた軍事力をもっていたから、二度に及んだ元寇はそれまでの日本にとって最大の国難《こくなん》であった。

日露戦争《にちろせんそう》は、韓国《かんこく》が反日《はんにち》となりロシアの属国《ぞっこく》と化《か》したことから起きた。ロシアは昔の蒙古《もうこ》にあたる。このように半島の国家が反日的になったり、大陸の強大《きょうだい》国家《こっか》の支配を受けると、必ず日本の独立と安全が脅《おびや》かされ、わが国は風前《ふうぜん》の灯《ともしび》となり日本人は安眠《あんみん》出来《でき》なくなるのである。朝鮮半島は日本の独立と安全を維持《いじ》する上に、日本民族の死活《しかつ》（生きるか死ぬかということ）にかかわる地域であり、しばしば災《わざわ》いの源《みなもと》となった。それは今日《こんにち》も変《かわ》らない。

明治時代もまた元寇《げんこう》の時と変らぬ危機を迎えていた。十四世紀に始まった李氏《りし》朝鮮《ちょうせん》は長らく支那《しな》歴代王朝《れきだいおうちょう》に従属《じゅうぞく》し、政治的文化的支配を受けてきた。朝鮮国王即位《そくい》の際は支那王朝の承認《しょうにん》を受け、支那王朝の年号《ねんごう》をおし戴《いただ》き、儒教《じゅきょう》を国教《こっきょう》として何事も支那を手本《てぼん》として見習ってきた徹底《てってい》した支那崇拝《しなすうはい》、支那一辺倒《しないっぺんとう》の国であった。これを「事大主義《じだいしゅぎ》（すべて支那に従うこと）」という。朝鮮人は自国を誇って「小中華《しょうちゅうか》」と言った。「中華《ちゅうか》」つまり支那を崇拝しその文化・文明をありがたくいただく子分《こぶん》、家来《けらい》、属国《ぞっこく》という意味である。こうした卑屈《ひくつ》な奴隷根性《どれいこんじょう》が長年にわたって半島の人々の骨髄《こつずい》に染《し》みこみそれが国民性となり、衰退《すいたい》の極《きわ》みに達《たっ》していたのがちょうどわが国の明治維新《めいじいしん》の頃であった。

明治維新後、日本政府は徳川幕府《とくがわばくふ》の廃止《はいし》と王政復古《おうせいふっこ》による新政府《しんせいふ》の樹立《じゅりつ》を伝達《でんたつ》し、改めて友好《ゆうこう》を申し入れた。隣国《りんごく》として当然である。ところが朝鮮はわが申し入れに対して、全く不当にも拒絶《きょぜつ》したのである。問題はここから起こった。朝鮮が拒絶した真《しん》の理由は、長年培《つちか》われた日本と日本人を侮辱《ぶじょく》してやまぬ思い上った小中華意識《しょうちゅうかいしき》であった。日本を朝鮮の下位《かい》にある野蛮国《やばんこく》と蔑《さげす》み、「無法《むほう》の国」とまで言い放ったのである。ここから問題がこじれにこじれ、明治十五年と十七年に二つの事件《じけん》(壬午事変《じんごじへん》・甲申事変《こうしんじへん》)が起き、日本公使館が襲撃《しゅうげき》され合わせて約五十名の日本人が虐殺《ぎゃくさつ》された。その際、清《しん》は数千名の軍隊を派遣《はけん》し、朝鮮に対する支配を一層強化《いっそうきょうか》した。日本は二度にわたって清に痛い目にあわされた。

この時、朝鮮が選択《せんたく》する道は二つしかなかった。一つは欧米列強《おうべいれっきょう》から半植民《はんしょくみん》地的状態《ちてきじょうたい》にたたきこまれ、急速に亡国《ぼうこく》の道を歩む清の属国として運命を共にして滅亡《めつぼう》すること。もう一つは清の束縛《そくばく》・支配から脱して自立《じりつ》し、日本を見習い日本と協調《きょうちょう》して国家衰亡《すいぼう》の危機を乗りこえてゆくことである。答《こたえ》はただ一つ、日本との友好協力《きょうりょく》による自立・独立しかなかったが、朝鮮はついに覚醒《かくせい》することなく自滅《じめつ》の道を直進《ちょくしん》するのである。朝鮮の不幸、悲劇であったが、それは誰のせいでもなく朝鮮の自業自得《じごうじとく》であり自ら蒔《ま》いた種《たね》であったのである。

2、小村外交《こむらがいこう》が導いた日露戦争《にちろせんそう》

日清戦争《にっしんせんそう》

小村が北京《ぺきん》に赴任《ふにん》した翌年明治二十七年（一八九四）、日清戦争が始まった。この年朝鮮で東学党《とうがくとう》の乱《らん》が起きたが、これを鎮圧《ちんあつ》（おさえ鎮《しず》めること）できない政府は清《しん》に軍隊の派遣《はけん》を要請《ようせい》した。自国の内乱《ないらん》を鎮定《ちんてい》できず清《しん》にそれを依頼する朝鮮は独立国とは言えず、まったく清の家来《けらい》、隷属国《れいぞくこく》であったのである。清は「属邦《ぞくほう》（属国《ぞっこく》）を保護《ほご》する」ためと言って直《ただ》ちに出兵《しゅっぺい》した。

これに対して日本は「朝鮮を清《しん》の属国《ぞっこく》と認めず」と抗議《こうぎ》するとともに、わが公《こう》使館《しかん》と居留《きょりゅう》日本人を保護《ほご》する為に出兵《しゅっぺい》した。明治十五、十七年の壬午《じんご》・甲申《こうしん》の両《りょう》事変《じへん》における失敗と居留民虐殺《ぎゃくさつ》の悲劇《ひげき》を三たび繰返《くりかえ》してはならなかった。

これまで日本は自国の独立と安全の為に、清《しん》の属国であった朝鮮をその束縛《そくばく》から解放し真《しん》に自立《じりつ》させる為に努力を重ねてきたがうまくゆかなかった。朝鮮人の一部には日本との協力、提携《ていけい》により朝鮮の独立と新生《しんせい》をはかるという動きがあったが結局つぶされた。朝鮮を事実上支配している清がある限り、問題の根本的解決は不可能であった。

結局、朝鮮を清の束縛から解放し自立させる唯一《ゆいいつ》の道は、日清戦争《にっしんせんそう》を行ない打ち勝つことしかなかったのである。このことを早くに見通し深く覚悟《かくご》して日清戦争の準備を怠《おこた》らなかった人物が、参謀《さんぼう》次長《じちょう》の川上操六《かわかみそうろく》陸軍中将《りくぐんちゅうじょう》である。そうして川上に同調して伊藤博文《いとうひろぶみ》首相《しゅしょう》を説得し、日清戦争の断行《だんこう》を決意させたのが外《がい》相《しょう》陸奥宗光《むつむねみつ》である。東学党《とうがくとう》の乱《らん》が起《お》こるまで陸奥は日清戦争を考えていなかったが、時勢《じせい》を観察《かんさつ》する眼の鋭い陸奥《むつ》はためらうことなく戦争を決意、川上と手をとり合って伊藤を動かし、日清戦争の推進《すいしん》において中心的役割を果《はた》すのである。川上を始め軍部《ぐんぶ》を除いて、朝鮮問題の根本的解決は日清戦争しかないと確信していたほとんど唯一《ゆいいつ》の政府高官《こうかん》が小村であった。小村は東学党の乱が起きて清が派兵《はへい》するやいなやいち早く、陸奥外相に対して対清開戦《たいしんかいせん》を幾《いく》たびも強く進言《しんげん》した。国内ではほとんど無名《むめい》の小村が日清戦争の開始を主張する急先鋒《きゅうせんぽう》（先頭に立って進む者）であった。国内外の形勢《けいせい》、情勢を判断して物事の本質を見通すことにかけて、小村はいかなる人物よりもすぐれていた。

陸奥は小村の洞察力《どうさつりょく》に感嘆《かんたん》して「小村は何より見通しが早くそれに正確じゃ。ほとんど誤謬《ごびゅう》（あやまり）もないようじゃ」と舌を巻《ま》いた。陸奥は「カミソリ」（よく切れるということ）とあだ名された頭脳明晰《ずのうめいせき》な人物で明敏《めいびん》さ（賢く鋭いこと）においてこの時代陸奥以上の人物はあまりいないが、自分を上回《うわまわ》る小村の偉才《いさい》を誰よりも認めて、自分の掘《ほ》り出《だ》し物《もの》が思った以上の人物であったことに深く満足した。陸奥は日清戦争の勝利の為に心身《しんしん》を燃《も》やし尽《つ》くして戦後すぐ亡くなるが、小村という得《え》がたい後継者《こうけいしゃ》を残したのである。

小村が北京《ペキン》にいたときの好敵手《こうてきしゅ》がイギリス公使のオーコナーである。イギリスは開戦時清国側《しんこくがわ》に立ち日本に圧力を加えたが、彼は小村についてこうのべている。

「私は最初に彼に圧迫《あっぱく》を加えた。いかに私が圧迫を加えても屈伏《くっぷく》せざるのみか彼は反発《はんぱつ》した。そしてまことに強敵《きょうてき》であると思わされ尊敬《そんけい》の念を濃厚《のうこう》にしたが、ことに英文が巧《たく》みなことに驚嘆《きょうたん》せざるを得なかった。我々のように考え我々の如《ごと》く表現する。こういう人物を私はイギリス人のほか発見せぬ。おそらく日本において伊藤侯爵《こうしゃく》(博文《ひろぶみ》)以上のすぐれた人物であろう」

当時世界を支配していたイギリス人は誇りが高く威張《いば》りちらし、他の欧米人《おうべいじん》でさえめったに賞《ほ》めず、いわんや劣等人種《れっとうじんしゅ》として差別する有色人種《ゆうしょくじんしゅ》など相手にしなかったのに、オーコナーは小村をかくもほめたたえた。当時、日本の第一人者は伊藤博文だが、小村は伊藤以上だと言うのである。この時わが国で小村を認めていたのは陸奥《むっ》だけである。「公論《こうろん》は敵より出《い》ずる」(公正な意見は味方よりもむしろ敵方から出てくる)というがその好例《こうれい》である。

日清開戦後《にっしんかいせんご》、帰国した小村は八月、陸奥とともに参内《さんだい》、明治天皇《めいじてんのう》に日清戦争《にっしんせんそう》に至る経緯《いきさつ》につき奏上《そうじょう》した。予定時間を大きく超えたが、天皇はうなずかれながら傾聴《けいちょう》された。明治天皇が小村の人物をしかとお認めになったのがこの時である。かくして小村は十余年の雌伏《しふく》より一躍《いちやく》、陸奥外相の最も信頼する日本外交の旗頭《はたがしら》（指導者のこと）として雄飛《ゆうひ》の時を迎えたのである。まさに「真《しん》の（日本）外交はこれから起こってくる」のであった。

三国干渉《さんごくかんしょう》——ロシアの属国《ぞっこく》と化《か》す朝鮮

日清戦争は明治二十七年（一八九四）七月に始まり翌年四月に終った。陸軍海軍とも日本の連戦連勝であった。講和《こうわ》条約が結ばれて、朝鮮は清の束縛《そくばく》を脱《だっ》し「自《じ》主独立《しゅどくりつ》の国」であることが認められた。さらに遼東《りょうとう》半島、台湾、澎湖《ほうこ》島がわが国に割譲《かつじょう》（日本の領土となること）され賠償金《ばいしょうきん》が支払われた。

ところが条約調印《ちょういん》直後、ロシア・フランス・ドイツによる「三国干渉《さんごくかんしょう》」が行なわれた。三国は日本が遼東半島《りょうとう》を領有《りょうゆう》することは、極東《きょくとう》の永久平和に障害《しょうがい》を与えるとしてその返還《へんかん》を強く要求し、もし拒絶《きょぜつ》するならば直《ただ》ちに日本に武力行使《ぶりょくこうし》する構《かま》えを見せた。まさに国際的ならず者集団の脅迫《きょうはく》であった。わが国は三国を相手に戦うことは不可能だから、涙を呑《の》んで遼東半島を返還《へんかん》した。三国干渉《さんごくかんしょう》に日本国民は憤激《ふんげき》して泣いた。最も悲憤《ひふん》の涙を流したのは小村であった。日本は戦争には勝ったが、外交において敗れたからである。いかに軍事的勝利をおさめても外交がまずいと戦いの成果《せいか》を無にしてしまう。小村はこのあやまちを二度と繰《く》り返《かえ》さぬことを心に誓った。

日清戦争《にっしんせんそう》の目的は、朝鮮を清《しん》から独立させることであった。日本の勝利により朝鮮は、自主独立の国として新しい歩みを開始した。親日政権《しんにちせいけん》が生まれて改革が始まった。わが国は全面的な協力を惜《お》しまなかった。ところが改革はたちまち挫折《ざせつ》した。その理由は二つである。

一つは朝鮮の不治《ふち》の病《やまい》というべき内部対立、党派《とうは》争いである。政府首脳にも反対派にも国家民族の運命を切《せつ》に思い、命がけで国を立て直そうとする愛国心と真《ま》心《ごころ》を持つすぐれた指導者は皆無《かいむ》であった。この国には伊藤や陸奥《むつ》や小村のような人物はいなかった。朝鮮の支配階級にあるのはただ私利私欲《しりしよく》、権力と富の追求だけであり、そのために党派争《とうはあらそ》いに明暮《あけく》れる人間ばかりであった。世界で最も腐《くさ》りきった国家社会の一つが朝鮮であった。日本がいかに協力、支援しても結局は糠《ぬか》に釘《くぎ》であったのである。

もう一つは完治不能《かんちふのう》の事大主義《じだいしゅぎ》である。日本が勝っている間は日本に追随《ついずい》した。常により強いものにこびへつらうのが朝鮮人の習性《しゅうせい》である。ところが三国干渉で日本が屈服《くっぷく》するのを見てたちまち本性《ほんしょう》を発揮《はっき》、日本を侮蔑《ぶべつ》してより強大なロシアに靡《なび》き伏《ふ》すのである。このときロシアのウェーバー公使《こうし》が暗躍《あんやく》し（かげで動き回ること）、朝鮮をロシアの勢力下におくことに成功するのである。明治二十八年、政府から独立派・親日派が一掃《いっそう》され親露派《しんろは》が政権を握り、朝鮮の独立、新生に向けた改革は無惨《むざん》にも失敗した。以後、日露戦争《にちろせんそう》の時まで朝鮮はロシアの属国《ぞっこく》と化《か》すのである。

日清戦争の目的であった朝鮮の独立は、こうして朝鮮人の救いがたい暗愚《あんぐ》とロシアの策略《さくりゃく》の為に踏《ふ》みにじられたのである。馬鹿《ばか》を見たのは日本である。戦争には勝ったのに朝鮮の独立は果《は》たされず、清《しん》よりも遥《はる》かに強大なロシアが乗《の》り込《こ》み半島を勢力下《せいりょくか》におき、やがて完全に支配する構《かま》えを見せたのである。ロシアの出現《しゅつげん》により朝鮮問題はさらに一層《いっそう》、解決困難の課題として日本に重くのしかかるのである。

東アジア支配を目指《めざ》すロシアの野望《やぼう》――ロシアの南下と満洲《まんしゅう》占領

三国干渉《さんごくかんしょう》によって日本を屈服《くっぷく》させたロシアは、東アジア支配の野望をむき出しにして南方に向って侵略《しんりゃく》を開始した。先《ま》ず始めに、既述《きじゅつ》した様《よう》に朝鮮支配に着手《ちゃくしゅ》した。

次に明治二十九年(一八九六)、清《しん》と「露清同盟条約《ろしんどうめいじょうやく》」を結んだ。これは日本を敵とする軍事同盟条約である。この時ロシアはこの条約において満洲北部を横断《おうだん》する鉄道(東清《とうしん》鉄道・シベリア鉄道の一部)の敷設権《ふせつけん》を獲得《かくとく》した。ロシアは三国干渉で遼東《りょうとう》半島を取り返してやったその見返《みかえ》りを要求したのである。その理由として、清が日本を敵として再び戦う場合、ロシアが清に武力支援を行なうために鉄道が必要だから敷設権をよこせという理屈《りくつ》を使ったのである。

明治二十四年に着工《ちゃっこう》され明治三十五年に完成するシベリア鉄道こそ、ロシアの東アジア支配の為に欠くべからざる最大の戦略的武器《せんりゃくてきぶき》（国家目標を達成する上で重大な役割をする手だて）であった。ヨーロッパとアジアをつなぐこの世界一長い鉄道を建設した目的は、満洲《まんしゅう》・朝鮮及び蒙古《もうこ》を支配下におさめ少なくとも支那《しな》北部《ほくぶ》をその勢力下《せいりょくか》におき、東アジア全体におけるロシアの支配権《しはいけん》を確立《かくりつ》する為であった。東アジアの制覇《せいは》（支配）の為に何より必要なのは軍隊及び武器弾薬《ぶきだんやく》、食料等のすみやかな輸送《ゆそう》を行なう鉄道である。その鉄道の東部線を満洲北部に敷設《ふせつ》する権利を獲得したことは、やがて満洲を領有《りょうゆう》する為の重大な第一歩であった。

この時、ロシアは清の有力者李鴻章《りこうしょう》に莫大《ばくだい》な賄賂《わいろ》を贈って買収《ばいしゅう》した。李鴻章は満洲をロシアに売り渡した腐敗《ふはい》しきった売国奴《ばいこくど》であった。

その次にロシアが狙《ねら》ったのは、遼東《りょうとう》半島の先端《せんたん》にある旅順《りょじゅん》、大連《だいれん》の港である。

太平洋への出口としてウラジオストックがあったが、北に寄りすぎていて冬季《とうき》港は凍結《とうけつ》する。ロシアは南方の暖い海と不凍港《ふとうこう》を求め、かねて旅順《りょじゅん》、大連《だいれん》に狙《ねら》いを定めていた。だからこそ日本が遼東《りょうとう》半島を領有《りょうゆう》することを阻止《そし》したのである。

当時、欧米列強《おうべいれっきょう》は植民地《しょくみんち》争いに凌《しの》ぎを削《けず》り最後に残された東アジアに殺到《さっとう》して、土地の租借《そしゃく》（期限つきで土地を領有すること）、鉄道敷設権《ふせつけん》、鉱山採掘権《さいくつけん》等の利《り》権獲得《けんかくとく》を目指《めざ》し、清国領土《しんこくりょうど》を自国の勢力圏《せいりょくけん》として支配することを競《きそ》い合《あ》った。

明治三十年、ドイツは山東省《さんとうしょう》でドイツ人宣教師《せんきょうし》二人が支那人《しなじん》に殺害されたことを口実《こうじつ》にして、直《ただ》ちに軍事行動を起こし、翌年、膠州湾《こうしゅうわん》を九十九年租借《そしゃく》することを清《しん》に認めさせた。これを見たロシアは好機到来《こうきとうらい》として同年、旅順と大連を租借（二十五年間）するのみならず、東清《とうしん》鉄道をハルビンから旅順・大連まで延長する支線の敷設権を獲得した。この時もロシアは再び李鴻章《りこうしょう》に賄賂《わいろ》を贈った。ロシアは三国干渉《さんごくかんしょう》の三年後戦争の犠牲《ぎせい》を払うことなく、日本から旅順・大連を横取りしたのである。悪辣《あくらつ》そのもの、強欲《ごうよく》そのものの国がロシアであった。

なおこの時、フランスも指をくわえて見ているはずはなく明治三十二年、広州湾《こうしゅうわん》を租借した（九十九年間）。当然、イギリスも黙っておらず三十一年、威海衛《いかいえい》と九龍半島《きゅうりゅうはんとう》を租借した（九十九年間）。こうして清はイギリス・ロシア・ドイツ・フランスにより領土、利権をむしり取られ亡国《ぼうこく》の道を直進《ちょくしん》するのである。当時、欧米《おうべい》の強国はこの四国とアメリカだが、アメリカも負けてはいない。明治三十一年（一八九八）、スペインに挑戦《ちょうせん》しこれを打破《うちやぶ》り、フィリピン全島とグアムを奪《うば》い取り、この年ハワイを併合《へいごう》した。二十世紀の末期、欧米のアジア侵略はいよいよ絶頂《ぜっちょう》に達《たっ》しつつあったのである。

続いてロシアは明治三十三年（一九〇〇）、義和団事件《ぎわだんじけん》が起きたとき、一気《いっき》に全満洲《まんしゅう》を軍事占領《せんりょう》して事実上その領土とするのである。三国干渉後わずか五年間にロシアは広大な満洲を併呑《へいどん》、この地を東アジア支配の根拠地《こんきょち》、一大橋頭堡《いちだいきょうとうほ》（敵地を攻めるときの進撃拠点《しんげききょてん》）とすることに成功するのである。

ロシアの東アジア支配の第一段階が満洲の領有《りょうゆう》であり、次いで重要なのは朝鮮を支配下におくことであった。ロシアはなぜ朝鮮を必要としたのか。東アジアの制覇《せいは》の為には満洲《まんしゅう》と朝鮮の陸地だけではなく海洋《かいよう》（日本海・黄海《こうかい》・対馬海峡《つしまかいきょう》そして西太平洋）の支配も伴《ともな》わなくてはならない。ロシアとしては旅順《りょじゅん》・大連《だいれん》とウラジオストックを結ぶ黄海・対馬海峡・日本海を自由に往《ゆ》き来《き》することのできる「制海権《せいかいけん》」を確保《かくほ》しなければならなかった。そのためにどうしても朝鮮半島を日本の勢力下《せいりょくか》においてはならないと考えたのである。つまりロシアにとって、満洲と朝鮮は分離《ぶんり》しえない地理的関係を有《ゆう》し、両者は不可分《ふかぶん》であり一体であったのである。ここから日本にとっての朝鮮問題は同時に満洲問題となった。朝鮮問題を解決する為には満洲問題を解決しなければならなかったのである。ロシアが半島の付根《つけね》である満洲に居坐《いすわ》る限り朝鮮はロシアの支配を免《まぬか》れず、日本の独立と安全が根本から脅《おびやか》されるからである。

日露戦争《にちろせんそう》を覚悟《かくご》した小村外交

小村は日清戦争後《にっしんせんそうご》、駐韓公使《ちゅうかんこうし》、外務次官、駐米公使《ちゅうべいこうし》、駐露公使《ちゅうろこうし》、駐清公使《ちゅうしんこうし》を

歴任《れきにん》して明治三十四年、桂太郎《かつらたろう》内閣《ないかく》の外務《がいむ》大臣《だいじん》に就任《しゅうにん》した。四十七歳の時である。駐清代理公使になってから八年、小村の活躍はめざましく今や日本外交の第一人者として誰もが認めた。

気高《けだか》い人品《じんぴん》の上にすぐれた洞察力《どうさつりょく》、高い見識《けんしき》、深く広い教養、「鼠公使《ねずみこうし》」とよばれた俊敏《しゅんびん》な行動力を有するとともに、軍人顔負けの剛毅《ごうき》さと胆力《たんりょく》をあわせ持つ小村は、近代日本の一大国難《いちだいこくなん》である日露戦争において、開戦から終戦時及び日露戦争後のわが国外交を一身《いっしん》に担《にな》って全身全霊《ぜんしんぜんれい》を祖国に捧《ささ》げた。小村は外相《がいしょう》になった時、「私の真正《しんせい》の仕事はこれからである。私の苦労はこれからであります」と言っている。

当時の日本の最大の課題は、元寇《げんこう》に匹敵《ひってき》するような一大国難《いちだいこくなん》であるロシアの南下《なんか》・東アジア支配の脅威《きょうい》にいかに対処《たいしょ》して、わが国の独立と安全を守り抜くかということであった。つまり日本民族の「生存《せいぞん》」「生き残り」という生死、存亡《そんぼう》をかけた問題であった。それは具体的には、朝鮮問題をいかに解決するかという明治初期以来の難題《なんだい》である。この解決の鍵《かぎ》を握《にぎ》るのはロシアである。言葉を換《か》えて言えば、ロシアと話し合い政治的外交的に折合《おりあ》いをつけるかまたは屈服《くっぷく》するか、それとも話し合いを不可能として断然《だんぜん》ロシアと戦うかであった。

指導者たちの意見は二つに分れた。一つがロシアとの話し合いに基《もと》づく「日露《にちろ》協商論《きょうしょうろん》」、もう一つが対露戦争《たいろせんそう》は避《さ》けられないという立場に立つ「日英同盟論《にちえいどうめいろん》」である。日露協商を強く主張したのが、元老筆頭《げんろうひっとう》の伊藤博文《いとうひろぶみ》と元老井上馨《いのうえかおる》である。日英同盟を主張した中心者は小村であり、小村外相を深く信頼した首相《しゅしょう》桂《かつら》太郎《たろう》がこれを支持した。

伊藤たちの考えはこうである。強大国《きょうたいこく》ロシアと戦って日本の勝目《かちめ》があるはずがない。あくまでも日露戦争は避けなければならない。そのため外交交渉《こうしょう》を行ない取り決めを結び、日本はロシアの満洲《まんしゅう》支配を認める。その代《かわ》りロシアは朝鮮に手出しせず、日本の朝鮮に対する指導権を認めるというものである。「満韓《まんかん》交換論《こうかんろん》」とも言われた。

一方、小村はこう考えた。朝鮮問題の根本的解決は、話し合いの外交交渉では到底《とうてい》不可能であり、日露戦争《にちろせんそう》の断行《だんこう》以外にはありえない。なぜならすでに満洲を併呑《へいどん》しているロシアが朝鮮支配をあきらめ、朝鮮を日本の勢力下《せいりょくか》におくことを認めることは到底《とうてい》ありえないとするのである。先にのべたようにロシアにとり満洲と朝鮮は切り離し難《がた》く両者は不可分一体《ふかぶんいったい》であり、満洲だけ支配して朝鮮は日本の自由にまかせるということは、ロシアの東アジア支配において重大な障害《しょうがい》となると小村は考えるのである。だから伊藤の日露協商論は成り立ちようがない。またわが国の立場で考えるならば、朝鮮をわが指導のもとにおきロシアに手出しさせない為には、ロシアの満洲支配を決して許してはならない。その為には日露戦争を行なう以外にない。従って日露戦争を行なう準備として日英同盟を結んで日本の立場を強くする。

つまりロシアにしても日本にしても朝鮮と満洲の問題は不離不可分《ふりふかぶん》であった。これを「満韓不可分論《まんかんふかぶんろん》」と言った。小村は対外問題において、常に相手国はどう考えどの様《よう》に行動するかを相手の立場に立って考え抜き、日本のとるべき道を探《さぐ》った。小村ほど思慮深《しりょぶか》く洞察力《どうさつりょく》のある人物は稀《まれ》であった。小村の考えが正しかったことは、ロシアのラムズドルフ外相が駐露《ちゅうろ》フランス代理大使に語った次の言葉で明らかである。

「日本は、我々が決して日本に対して朝鮮を放棄《ほうき》せぬだろうことは確実と理解すべきである。旅順《りょじゅん》からウラジオストックに至る通路は障害《しょうがい》をなくしておきたい。もし日本がこれに同意しないならば、海陸における会戦《かいせん》という犠牲《ぎせい》を払わねばならない」

またロシア皇帝ニコライⅡ世はこうのべている。

「日本が朝鮮で確固《かっこ》たる地位を占めることを忍《しの》ぶことは全然出来《でき》ない。日本がそれをもし試《こころ》みるならば、そのことはロシアにとって日本への開戦理由となるであろう」

小村はこのような熟慮《じゅくりょ》と見通しをもって、伊藤らを説得《せっとく》し明治三十五年一月、日英同盟《にちえいどうめい》が成立した。小村の卓越《たくえつ》した見識《けんしき》と手腕《しゅわん》の賜《たまもの》であったが、この時の苦労を小村は「外交よりむつかしいのが内交《ないこう》」といっている。ロシア相手の外交より、伊藤ら元老《げんろう》相手の「内交」により心血《しんけつ》を注《そそ》いだのであった。

日露戦争《にちろせんそう》――挙国一致《きょこくいっち》の戦い

小村は朝鮮を毒牙《どくが》から守る為には、ロシアに満洲《まんしゅう》を支配させてはならない。ロシアの満洲支配を解除《かいじょ》する為には、日露戦争の断行《だんこう》以外にあり得ないと考えたのである。

小村は外相就任後《がいしょうしゅうにんご》、ロシアの満洲占領《せんりょう》に強く反対し、ロシア及び清《しん》に対して抗議《こうぎ》し続けた。イギリスやアメリカもロシアの満洲占領に反対していた。ロシアは一時、満洲から撤兵《てっぺい》して満洲を清《しん》に返還《へんかん》するそぶりを示したがそれはまやかしで、満洲併呑《まんしゅうへいどん》の意志は不動《ふどう》であり、さらに多くの軍隊を満洲に送りこんだ。

そうして明治三十六年四月から五月にかけて、ロシアはついに鴨緑江《おうりょくこう》をこえて韓国に侵入《しんにゅう》、河口《かこう》の龍岩浦《りゅうがんぽ》を占領した。韓国はロシア軍の撤退《てったい》を要求したが、ロシアは無視するのみならず韓国を威嚇《いかく》して龍岩浦を租借《そしゃく》した。全く眼中《がんちゅう》に韓国なしのロシアの侵略行為であった。ロシアが満洲だけではなく韓国をも支配せんとする野望《やぼう》は一点の疑いもなかった。小村の見通しに誤りはなかった。日本はいよいよ重大な決断《けつだん》を迫《せま》られるのである。ロシアが韓国に侵入した時、多くの国民は危機感《ききかん》を募《つの》らせ断固対露戦《だんこたいろせん》に立上《たちあが》るべしという世論《せろん》が大勢《たいせい》を占めるのである。

しかし元老筆頭《げんろうひっとう》の伊藤博文《いとうひろぶみ》は情勢がここに至《いた》っても日露戦争《にちろせんそう》に反対であった。伊藤はどう考えて見ても日本が勝てるとは思えなかったのである。国力、軍事力、経済力に雲泥《うんでい》の差があった。欧米有数《おうべいゆうすう》の強大国《きょうたいこく》と戦うことはあまりにも冒《ぼう》険《けん》すぎであり、日本は惨敗《ざんぱい》し破滅《はめつ》・亡国《ぼうこく》の憂目《うきめ》を見ると伊藤が恐《おそ》れたのは無理もなかった。この時代、伊藤の存在は大きく、国家の重要問題は伊藤の承認《しょうにん》なくして決定できなかった。そこで政府はロシアに対して外交交渉《こうしょう》を行ない出来《でき》ることなら戦争を回避《かいひ》して、朝鮮問題における日本の主張をロシアに受け入れさせる最後の努力を試《こころ》みることになった。

小村は日本の立場を無視してやりたい放題《ほうだい》をするロシアとの外交交渉が成り立つ余地《よち》がないことはわかっていたが、交渉を行なってロシアという国が、伊藤博《いとうひろ》文《ぶみ》の願望《がんぼう》に応《こた》える国ではないことを理解させなければならなかった。依然《いぜん》として伊藤相手の「内交《ないこう》」に苦心を重ねるのである。

八月から交渉が始まった。日本が提出した戦争回避《かいひ》の妥協案《だきょうあん》に対してロシアは二カ月も返事を引延《ひきの》ばして十月、日本の要求した清国《しんこく》の独立と領土保全《ほぜん》の尊重《そんちょう》、日本の韓国に対する指導の専権《せんけん》を否定するのみならず、満洲《まんしゅう》に関して日本は一切《いっさい》口も手も出してはならないと言い寄《よ》こした。要するに満洲はいうまでもなく、韓国の支配を日本に許さず韓国もまたロシアの勢力下《せいりょくか》におくという態度を改めて表明したのである。日本に対して妥協《だきょう》する姿勢は少しもなく、かつての三国干渉《さんごくかんしょう》のときと同様、脅迫《きょうはく》すれば日本は戦わずして屈服《くっぷく》すると頭からなめてかかったのである。

交渉はずるずると十二月まで長引《ながび》いたが、ロシアはひとかけらの誠意《せいい》を示さず、妥協《だきょう》して朝鮮を日本にまかすことを拒絶《きょぜつ》し続けた。小村がロシアの回答《かいとう》を伊藤に見せた時、最後まで妥協をあきらめなかった伊藤も、「小村、これではもはや戦うほかはないね」と言わざるを得なかったのである。この間《かん》、もう日露戦争の断行《だんこう》しかないと思っていた大多数の国民は、だらだらと見こみのない対露交《たいろこう》渉《しょう》を続ける政府の腰の定まらない優柔不断《ゆうじゅうふだん》さ(ぐずぐず迷って決断できないこと)にやきもきして政府の弱腰《よわごし》を非難《ひなん》した。

朝鮮及び満洲《まんしゅう》問題において、日本とロシアは互いに相容《あいい》れる余地《よち》がなかったのである。小村は三国干渉《さんごくかんしょう》の時からこのことを見通していた。これほどの洞察《どうさつ》力《りょく》を持つ政治家は稀《まれ》であったのである。

明治三十七年二月四日、明治天皇御臨席《ごりんせき》のもと元老《げんろう》及び政府首脳による御前会《ごぜんかい》議《ぎ》において全員一致して日露戦争《にちろせんそう》の開始が決定され、六日、ロシアに国交断絶《こっこうだんぜつ》を通告《つうこく》した。日本国民はこれを支持《しじ》した。全く国家民族の生死《せいし》、存亡《そんぼう》をかけた挙国《きょこく》一致《いっち》の戦いであったのである。

戦争のない平和が人間社会のあるべき姿であり理想である。ことに日本人は世界の中で最も平和を愛好《あいこう》するおだやかな国民性をもつ民族である。世界の歴史の中でわが国ほど戦争が少なく平和な時代が長かった国はない。しかしながらやむを得ず戦わねばならない時がある。外国が日本を侵略し支配しようとしてきた時は、祖国と国民を守る為にいやでも戦わなければならない。元寇《げんこう》のときがそうであり、日露戦争そして大東亜戦争《だいとうあせんそう》のときがそうであった。もし戦わなかったならば日本は蒙古《もうこ》やロシア、アメリカの隷属国《れいぞくこく》、植民地《しょくみんち》になるしかなかったのである。

朝鮮問題を解決して日本の独立と安全を守り抜くためには、日露戦争を断行《だんこう》する以外になしという深い洞察《どうさつ》と信念をもって開戦に至る外交をねばり強く推進《すいしん》した小村の努力は並たいていではなく、その才腕《さいわん》は比類《ひるい》なくすぐれたものであった。当時の小村の外交ぶりにつきある人は「人巧尽《じんこうつ》きてほとんど天巧《てんこう》（小村の外交の巧みさは人間業《わざ》を超えた神業《かみわざ》に近いもの）に類《るい》するものがあった」といって賞《ほ》め賛《たた》えた。わが国はまわりを海で囲まれて外国と接触《せっしょく》することが少なく外交の経験が浅いから、すぐれた外交家が育ちにくく日本人は外交下手《べた》であり、それは今日もそう変らない。そのような中で小村の出現は、突然変異《とつぜんへんい》（突然これまでと異なる変種《へんしゅ》が出てくること）的なできごとであった。

3、戦争に勝ち外交にも勝つ

奇蹟《きせき》の勝利

明治三十七年二月十日、宣戦《せんせん》の詔勅《しょうちょく》（天皇のお言葉）が出された。詔勅は日本がなぜロシアと戦わなければならなかったかについて、三つの大切な事柄《ことがら》をのべている。

一つは、明治維新《めいじいしん》以来の日本の国是《こくぜ》（根本方針）は、東洋（アジア）の平和と安定を永遠に維持《いじ》することである。

二つ目は、韓国の存亡《そんぼう》は日本の独立と安全に決定的な重要性を持つこと。つまり韓国がロシアに支配されるならば、日本は風前《ふうぜん》の灯《ともしび》となり生存《せいぞん》があやうくなること。

三つ目は、ロシアが満洲《まんしゅう》を領有《りょうゆう》したならば韓国もまたロシアの支配に落ち、東洋の平和は根本から崩壊《ほうかい》するということ。

わが国は自国の独立・生存《せいぞん》とこれに密接《みっせつ》にかかわるアジアの平和と安定の為、約半年間ロシアと外交交渉《がいこうこうしょう》を重ねたが、ロシアはいささかも譲《ゆず》り合《あ》う気持なく思いのまま日本を圧迫《あっぱく》し屈従《くつじゅう》させようとした。わが国の平和的努力を無視するロシアに対して、自国の独立と生存の為に戦う以外になしと堂々と日本の立場を明らかにしたものである。

ロシアはイギリスと競《きそ》い合《あ》う世界的強国であり、ことに陸軍は世界一の強さを誇り、海軍力も英仏に次いで世界第三位であった。欧米《おうべい》の白人から見るならば日本の挑戦《ちょうせん》は本来ありえない狂気《きょうき》の行動であり、日本は大惨敗《だいざんぱい》して滅亡《めつぼう》するほかはないと見る人々が大半《たいはん》であった。

しかしわが国は陸軍海軍ともに連戦連勝した。一度も負けなかった。最大の難《なん》戦《せん》であった旅順《りょじゅん》の戦いでは、乃木希典《のぎまれすけ》大将《たいしょう》の率《ひき》いる第三軍が死戦死闘《しせんしとう》の限りを尽《つく》して難攻不落《なんこうふらく》といわれた要塞《ようさい》を落とした。最後の奉天会戦《ほうてんかいせん》では兵力戦力が大きく上回《うわまわ》るロシア軍に堂々と打《う》ち勝《か》った。日本海海戦では東郷平八郎大将《とうごうへいはちろうたいしょう》の率《ひき》いるわが連合艦隊は世界海戦史上空前《くうぜん》の大勝《たいしょう》を遂《と》げた。

この結果を一体誰が予想《よそう》しえたであろう。それは全く奇蹟《きせき》というしかない勝利であったのである。日本の勝利に欧米人《おうべいじん》はおののき震《ふる》えた。白人から見るなら有《ゆう》色《しょく》人種《じんしゅ》は「劣等人種《れっとうじんしゅ》」でしかない。いや「人間以下」と軽蔑《けいべつ》する人が多かった。白人が有色人種の国に敗《やぶ》れることなど決してありえないことであり、「白人不敗の神話」を疑う者のいなかった時代である。

一方、植民地《しょくみんち》・隷属国《れいぞくこく》として支配され、召使《めしつか》い・奴隷《どれい》として人種差別《じんしゅさべつ》を受けて長い間、家畜同然《かちくどうぜん》の生活をしてきた非西洋諸民族は、日本の勝利に驚嘆《きょうたん》し歓《かん》喜《き》した。それは口にも筆《ふで》にも言《い》い尽《つく》せないものであった。以後、日本は非西洋諸国民にとり、希望と勇気の源泉《げんせん》となったのは当然であった。現在、世界のほとんどの国々が日本と日本人を尊敬、親愛《しんあい》しわが国が世界で最も人気が高い理由の一つは、実《じつ》に日露戦争《にちろせんそう》の奇蹟的勝利《きせきてきしょうり》にあったことを知らなければならない。

講和条約《こうわじょうやく》

日本は連戦連勝したから、ロシアは悲鳴《ひめい》を上げて降参《こうさん》したかといえばそうではなかった。世界中が日本陸海軍の比類《ひるい》ない強さに驚嘆《きょうたん》しているのに、ロシアは意地《いじ》を張《は》って負けを認めなかった。ロシアは「世界一の陸軍国」という誇りがあった。そのロシアが今まで「猿」と馬鹿にしていた日本に敗れたならば大国ロシアの面目《めんぼく》が丸潰《まるつぶ》れとなり、恥ずかしくて欧米人の前に出られないのである。海軍はほぼ全滅したが、陸軍はなお健在《けんざい》であり兵力数は世界一である。これまで連敗してきたが、シベリア鉄道を使い続々満洲《まんしゅう》に兵士《へいし》が送られてきて、ロシアはもう一度決戦して日本陸軍を打ち負かす執念《しゅうねん》に燃《も》えていたのである。

ロシア側から講和《こうわ》を申《もう》し出《で》ない限り、講和会議《こうわかいぎ》は開くことができない。日本から申し入れたらよいと思うかもしれないがそれはできない。勝ち続けてきた日本がロシアに講和《こうわ》を申し入れたならば、日本は国力、戦力が限界《げんかい》に達してもうこれ以上戦う力がないとロシアに思われるからである。日本陸軍は明治三十八年三月の奉天会戦《ほうてんかいせん》の勝利の時点《じてん》で、戦力はほぼ限界《げんかい》に達《たっ》していた。五月の日本海海戦《にほんかいかいせん》の圧勝《あっしょう》を機《き》に講和に持ちこみたかった。長期戦はどうしても避《さ》けたかったのである。

ロシアも連戦連敗で日本以上に苦しい立場にあったが、講和を申し入れてこない。そこで小村はアメリカのセオドア・ルーズベルト大統領に働きかけて、アメリカから日露《にちろ》両国に講和を勧告《かんこく》するという方法をとったのである。ルーズベルトは喜んで承諾《しょうだく》した。戦争を継続せんとしていたロシア皇帝《こうてい》は初め受け入れなかったが、ルーズベルトの強い勧《すす》めでしぶしぶ応《おう》じた。

こうして八月十日、ワシントンの北にある軍港ポーツマスで講和会議が始まった。日本代表はもちろん小村、ロシア代表は同国随一《ずいいち》の政治家ウイッテである。この両国を代表する政治家が武器を伴《ともな》わない外交の戦いにおいて、凌《しの》ぎを削《けず》り合《あ》

明治38年(1905年)ポーツマス講和会議の様子(写真提供・宮崎県日南市)

った講和《こうわ》交渉《こうしょう》もまた困難に満ちたものであった。

ロシアは連敗続きであったが、自国を敗戦国と認めなかった。敗北を認めて日本に講和を申し入れたのではないからである。アメリカの勧告《かんこく》に応じたまでである。だからウイッテは「ここには戦勝国なく従って敗戦国もない」と傲然《ごうぜん》としていた。またウイッテはロシア皇帝ニコライⅡ世に、「一《いっ》寸《すん》の地も一ルーブルの金も譲《ゆず》ってはならぬ」と厳命《げんめい》されていた。ロシア政府においても戦争継続派《けいぞくは》が増大し、ロシア陸軍は講和そのものに反対していた。先にのべたように劣等人種《れっとうじんしゅ》の弱小国日本に敗れた上、領土を譲《ゆず》り賠償金《ばいしょうきん》を支払うことは、大国ロシアとして到底《とうてい》堪え難《がた》い屈辱《くつじょく》であったのである。それゆえ交渉《こうしょう》は難航《なんこう》した。ウイッテは皇帝の命令があったから粘《ねば》りに粘って抵抗《ていこう》し、交渉は決裂寸前《けつれつすんぜん》にまでゆくのである。

講和条約《こうわじょうやく》で日本が獲得《かくとく》すべき主《おも》なものは次の通りであった。

(1)韓国の指導・保護・監理《かんり》の権利

(2)ロシアの満洲《まんしゅう》からの撤兵《てっぺい》(満洲を清《しん》に返還《へんかん》すること)

(3)ロシアの東アジア侵略の利器《りき》(利用する手段)である旅順《りょじゅん》・大連《だいれん》租借権《そしゃくけん》及び東《とう》清《しん》鉄道支線《しせん》(後の南満洲鉄道)の日本への譲渡《じょうと》

(4)樺太《からふと》の割譲《かつじょう》

(5)賠償金《ばいしょうきん》の支払い

ロシアは(1)から(3)までは承認《しょうにん》した。日本の連戦連勝の結果、韓国からロシア勢力は一掃《いっそう》されていた。満洲におけるロシアの占領は崩壊《ほうかい》していた。旅順・大連は日本に奪取《だっしゅ》され、東清鉄道支線も大半日本におさえられていたからいやおうなしである。

問題は⑷と⑸である。樺太は本来、日本の領土であった。それが明治八年の千島・樺太交換条約《こうかんじょうやく》により、千島列島が日本領、樺太がロシア領になった。江戸時代は「北蝦夷《きたえぞ》」とよばれていたが、徳川幕府《とくがわばくふ》が放置《ほうち》していたため、ロシアはここに囚人《しゅうじん》を送りこみとうとう自分のものにしたのである。元来日本領土だったからわが国としてはこの際どうしても回復しようと願ったのは当然である。既に日本軍は樺太全土を占領していた。

賠償金《ばいしょうきん》の支払いも日本としては何としても実現したかった。日本はこの戦争に約二十億円もの軍事費を使った。国家予算が三億円ほどの時だから、この莫大《ばくだい》な軍費《ぐんぴ》を確保《かくほ》する為に十四億円もの国債《こくさい》(国の借金)を発行した。この国債の支払いの為にもどうしても賠償金を必要としたのである。それゆえわが国は⑴⑵⑶だけではなく⑷と⑸の獲得を求めたのである。

ところがウイッテは皇帝の厳命《げんめい》を受けていたから、樺太割譲《からふとかつじょう》を断固拒否《だんこきょひ》した。賠償金はなおさらで峻拒《しゅんきょ》した。ロシアにしてみれば賠償金を支払うくらいなら、その金で戦いを継続すると言いたかったであろう。ウイッテは皇帝と政府の命令、指示《しじ》でこの二つは絶対譲歩《じょうほ》しない態度を貫《つらぬ》いた。小村もまた引き下がることはできない。交渉《こうしょう》は胸突《むなつ》き八丁《はっちょう》にさしかかった。

小村はロシアが領土割譲《りょうどかつじょう》と賠償金支払《ばいしょうきんしはら》いをあくまで拒絶《きょぜつ》するならば、講和交《こうわこう》渉《しょう》を中止するつもりでいた。陸軍にもう一度奮戦《ふんせん》してもらいロシア軍をたたきつけた上で、再度交渉すればよいと覚悟して、政府の指示を仰いだ。桂首相《かつらしゅしょう》は元《げん》老《ろう》の伊藤博文《いとうひろぶみ》、山県有朋《やまがたありとも》らと熟議《じゅくぎ》した。その結果、領土割譲、賠償金支払いの放《ほう》棄《き》をやむなしとして、明治天皇のご裁可《さいか》をいただいた命令を小村に伝達《でんたつ》したのである。講和談判《こうわだんぱん》を中止し継戦《けいせん》を主張した小村は、元老よりも桂首相ら政府首脳《しゅのう》、軍部首脳の誰よりも最強硬派《さいきょうこうは》であったのである。まったく小村の剛毅《ごうき》な信念と胆力《たんりょく》の大きさは並はずれていた。小村は誰よりも先を見通す洞察力《どうさつりょく》がすぐれていた。もし戦いを続行《ぞっこう》した場合、日本陸軍は決して敗れることはなかったであろう。ロシア陸軍に連勝した日本陸軍の強さは文句なく世界最強であった。もう一度勝利した上で交渉するならば、好結果を生むことを小村は確信していた。しかし伊藤、山県、桂にはそのような洞察力《どうさつりょく》や度胸《どきょう》はとてもなかったのである。

講和条約は九月五日成立した。ロシアは最後に少し譲歩《じょうほ》して、樺太《からふと》南部を日本に割譲《かつじょう》した。賠償金《ばいしょうきん》は得られなかった。しかし日本が絶対的に確保しなければならないとされた(1)(2)(3)は達成された。賠償金を得られず、樺太は半分だけとなったが、ロシアの満洲占領《まんしゅうせんりょう》を解除《かいじょ》し朝鮮問題を根本的に解決するという戦争目的を見事《みごと》に達成したのである。つまり日本は戦争に勝ち、外交にも勝ったのであった。

しかし小村自身としては、この講和条約に決して満足できなかった。当時の大多数の日本国民もこの講和条約に反対であった。陸海軍が連戦連勝したのにもかかわらず、成果《せいか》があまりにも少ないと思ったからである。小村は帰国後、息子に、「実はあの講和条約に第一の反対者はわしじゃった」と言っている。小村は日露講和条約に最善の努力を尽《つ》くした。これ以上のものを求めるのは至難《しなん》であったが、小村としては談判中止《だんぱんちゅうし》、継戦《けいせん》の上、さらに良い講和条約を結びたかったのである。並はずれた見識《けんしき》と胆力《たんりょく》を持つ二人とない外交家・政治家であったのである。

ハリマンの満鉄買収工作《まんてつばいしゅうこうさく》を阻止《そし》――満洲《まんしゅう》を狙《ねら》ったアメリカ

戦争に勝ち外交にも勝ち戦争目的を達成してようやく一大国難《いちだいこくなん》を払いのけた日本に、思わぬところから災難《さいなん》がふりかかった。それがアメリカの鉄道王といわれたハリマンが明治三十八年八月三十一日来日して、わが国に譲渡《じょうと》される東清《とうしん》鉄道支線《しせん》(南満洲鉄道《みなみまんしゅうてつどう》)を買収《ばいしゅう》して実質的に自分のものにしようとしたことである。

ハリマンは桂首相《かつらしゅしょう》や元老《げんろう》の伊藤博文《いとうひろぶみ》、井上馨《いのうえかおる》らと会談し、南満洲鉄道の買収及び同鉄道の日米による共同管理を申し入れた。日本が南満洲鉄道を所有しこれを運営するには多額の資金が必要である。日露戦争《にちろせんそう》に莫大《ばくだい》な戦費《せんぴ》を使い外債《がいさい》を発行して、英米《えいべい》の資本家に借金を支払わなければならないわが国の弱みにつけこんで、鉄道運用資金として豊かなアメリカ資本を使うことが出来《でき》ると巧《たく》みに説得したところ、伊藤、井上、山県、桂らはみな同意した。つまりハリマンは金力《きんりょく》にものを言わせて、日本が国家民族の存亡《そんぼう》をかけて戦いようやく獲得《かくとく》した成果《せいか》を、少しの犠牲《ぎせい》を払うことなく横取《よこど》りしようとしたのである。ロシアが三国干渉後《さんごくかんしょうご》、旅順《りょじゅん》・大連《だいれん》を横取りしたのと同じことである。他人が血を流して手に入れたものを横合《よこあ》いからさっとかすめ取ろうとしたのが、ハリマンという稀代《きだい》の悪党《あくとう》であった。

伊藤と井上は元来《がんらい》、満韓交換論者《まんかんこうかんろんじゃ》であり、外交に対する見識《けんしき》は低く小村をさんざん困らせた。日本は日露戦争の勝利により一躍《いちやく》世界有数の強国となり、国際的立場が大きく変った。わが国は旅順・大連を租借《そしゃく》し南満洲鉄道を所有して鉄道保護の為に約一万名の陸軍部隊を駐留《ちゅうりゅう》する権利を獲得《かくとく》した。それはロシアの南下・満洲侵略を阻止《そし》しアジアの平和と安全を確保する上に不可欠《ふかけつ》な役割を果《はた》す土台《どだい》となるものであった。このようにわが国が日露講和条約において認められた満洲における極めて強固な政治的・軍事的・経済的地位の重要性が、伊藤らにはわからなかったのである。

それゆえ今後日本の勢力下《せいりょくか》におかれる満洲に対していかなる基本的方針、対策をもってのぞみ、アジアの禍《わざわ》いの根源《こんげん》である満洲をロシア及びアメリカの介《かい》入《にゅう》・干渉《かんしょう》から、いかに守護《しゅご》するかにつき確固《かっこ》とした意見を持っていなかった。それどころか厄介《やっかい》な重い荷物《にもつ》を背負《せお》わされたと思った。日本国家の外交方針につき無見識《むけんしき》の伊藤らはそれゆえ、日本人が血と涙を流して獲得した南満洲鉄道《みなみまんしゅうてつどう》を手放《てばな》して、この鉄道を「国際化《こくさいか》」「国際管理《こくさいかんり》」するしかないとまで思っていたのである。だからハリマン提案に異議《いぎ》なく飛びついたのである。

ハリマンの提案はアメリカの強力な資本力によって南満洲鉄道を日本政府から買収した上で、日米企業連合が日米対等の所有権と経営権をもって共同管理を行なうというものである。日米対等というが、ハリマンが中心となって資金力の大きいアメリカが実質的に南満洲鉄道を支配するということにほかならない。ハリマンとアメリカの狙《ねら》いはどこにあったか。南満洲鉄道を事実上乗取《のっと》りこれを「国際化」つまり「アメリカ化」した上で、アメリカが満洲全体を政治的・経済的に支配することであった。

満洲は日本の独立と生存《せいぞん》にかかわる最も重要な地域だったので、わが国は民族の存亡《そんぼう》をかけた戦いに挙国一致《きょこくいっち》で立上《たちあが》った。その結果得られた南満洲鉄道をアメリカは乗取《のっと》ろうとした。アメリカの独立と安全にとり満洲は何《なん》の関係もない。その満洲に口と手を出し最終的にアメリカの支配下におこうと企《たくら》んだのである。この許しがたいハリマンとアメリカの不正《ふせい》で邪悪《じゃあく》な策略《さくりゃく》、野望《やぼう》に気づかず、まんまと引っかかりころりと騙《だま》されたのが外交にうとい伊藤や井上らの元老《げんろう》であり桂《かつら》首相であった。このとき小村が不在だったから、桂はハリマンの手玉《てだま》にとられて愚かにも「桂・ハリマン仮協定《かりきょうてい》」を結び、南満洲鉄道の売却《ばいきゃく》に同意するのである。しかしこの重大な外交問題は小村外相の承諾《しょうだく》を得ていなかったので、正式調印はしていなかった。

神のような気高《けだか》い姿

十月十六日、帰国した小村は「桂・ハリマン仮協定」につき部下から知らされ断固《だんこ》としてこう言った。

「そうか、そんなことがありはせぬかと案じたから、わしは脚腰《あしこし》も起《た》たぬ病躯《びょうく》を押して帰朝《きちょう》を急いだのだ。そんなことをやられては日露戦争《にちろせんそう》の結果は水泡《すいほう》に帰《き》し(無駄になること)、百難《ひゃくなん》を排《はい》してようやくかち得た満洲経営《まんしゅうけいえい》の大動脈《だいどうみゃく》がアメリカにとられてしまう。よし早速《さっそく》これを叩《たた》きつぶす」

小村が最も警戒《けいかい》していたことは、日露戦争の後に起こされる外国の干渉《かんしょう》である。それが講和《こうわ》の仲介役《ちゅうかいやく》をつとめ公正《こうせい》なふりをしていたアメリカから起こされたのである。アメリカ一国による「三国干渉《さんごくかんしょう》」の再来《さいらい》であった。小村は閣議《かくぎ》において桂首相《しゅしょう》始め各大臣に「桂・ハリマン仮協定《かりきょうてい》」が講和条約に違反《いはん》するのみならず、日本政府の根本的外交方針と国益《こくえき》を頭から否定するものであることを説き、最後にこうのべた。

「幸いにして日本は勝ったが、満鉄《まんてつ》(南満洲鉄道《みなみまんしゅうてつどう》)は日本がこの戦争で得た唯一《ゆいいつ》の成果であります(旅順《りょじゅん》・大連《だいれん》は本来日清戦争にて譲渡《じょうと》されたもの。南樺太はもともとわが領土という意味)。この満鉄にアメリカの資本を入れて日米共同で経営することは、今の日本の能力からして実質的にアメリカに支配されることになる。これは絶対に避《さ》けなくてはなりません。私は絶対に同意するわけにゆきません。日本政府がすでに外国人と約束した以上、これを破ることができないということであるならば、まことに残念ながらやむを得ません。私は今日《こんにち》ただ今外務大臣の職をご免《めん》こうむります。私は日本を思う自分の信念を曲《ま》げてまで職に留《とど》まりたくありません。ご免《めん》をこうむって野《や》に下《くだ》り、ただ今私の申したことのすべてを天下《てんか》に公表《ひょう》いたします。幸いに日本国民が私の意見に同意して従って来るならば、私は国民とともに政府を相手に戦う決意であります」

決死の覚悟がこめられた小村の堂々たる正論であった。閣議《かくぎ》は静まり返り誰《だれ》一人《ひとり》として反論《はんろん》しうる者はなかった。桂首相は自己の過《あやま》ちを深く悔《く》い小村に平《ひら》謝《あやま》りにあやまった。このあと小村は伊藤、井上ら元老《げんろう》に会い全員を同意させた。伊藤らに逆に小村を説き伏せるほどの信念や見識《けんしき》がもとよりあるはずもなかった。桂はハリマンに仮協定の取消しを通知した。

元老の伊藤や井上、桂首相始め政府の決定したことを、唯一人《ただひとり》小村は非《ひ》とした。そして政府がその非《ひ》を改めぬ限り外相をやめて政府と戦う決意を示した。これほどの信念と見識と胆力《たんりょく》を持つ硬骨《こうこつ》の政治家は、小村唯一人であったのである。小村は独立国日本の名誉《めいよ》と国益《こくえき》を一身《いっしん》で守り抜いたこの時代最高の政治家であったのである。当時逓信大臣《ていしんだいじん》の大浦兼武《おおうらかねたけ》は一人だけ仮協定《かりきょうてい》に異議《いぎ》を唱えたが、元老《げんろう》の井上馨《いのうえかおる》に「お前なんかに財政《ざいせい》のことがわかるか、黙っとれ」と叱《しか》りつけられた。その大浦が後に「あの時の小村さんの態度は神のごとくであった」とのべている。日露戦争《にちろせんそう》前後の日本外交を担《にな》った小村はわが国の確固《かっこ》たる独立と生《せい》存《ぞん》のため全身全霊《ぜんしんぜんれい》を捧《ささ》げたが、大浦は小村のそうした気高い姿に神を感じたのである。まことに小村こそ維新期《いしんき》を別にして近代日本の生んだ第一の政治家であった。

朝鮮問題の解決——日韓併合《にっかんへいごう》

日露戦争の一大成果こそ朝鮮問題が解決されたことである。朝鮮半島は満洲《まんしゅう》とともに東アジアに禍《わざわ》いをもたらす根源《こんげん》であった。大陸の強大な国家が朝鮮を支配下におくと常に日本の独立、安全、生存が脅《おびや》かされた。また半島の国家は自立・独立の精神なく常に大陸の強大国家にこびへつらいその支配を受ける「事大《じだい》主義《しゅぎ》」という不治《ふち》の病《やまい》の患者《かんじゃ》であった。

日本は日清戦争《にっしんせんそう》・日露戦争という国家の存亡《そんぼう》をかけた戦いを二度も行なって、三十数年かけてようやく朝鮮を強大国《きょうたいこく》の干渉《かんしょう》と束縛《そくばく》から絶縁《ぜつえん》させることが出来《でき》たのである。日露戦争が終った時、朝鮮の独立はもはやあり得なかった。朝鮮は自立・独立の意志と能力を全く持っていなかった。朝鮮を独立国として最初に認めたのは日本である。わが国は朝鮮の真《しん》の自立《じりつ》を願って長年協力を惜《お》しまず、その為に日清戦争まで行なった。日本が勝利したこの時こそ朝鮮独立の絶好《ぜっこう》かつ唯《ゆい》一《いっ》の機会であったが、朝鮮はそれを放棄《ほうき》してより強大なロシアに屈服《くっぷく》しその属国《ぞっこく》と化《か》した。それゆえ日本は民族の生死をかけた日露戦争を行なわざるをえなかったのである。かくして日露講和条約(第二条)においてこう規定された。

「ロシアは日本が韓国において政事上《せいじじょう》、軍事上及び経済上の卓絶《たくぜつ》(比類《ひるい》のないこと)なる利益を有することを承認《しょうにん》し、日本政府が韓国において必要と認むる指導、保護及び監理《かんり》の措置《そち》を執《と》るにあたりて、これを阻礙《そがい》(阻止《そし》し妨害《ぼうがい》すること)しまたは干渉《かんしょう》せざることを約《やく》す」

ここに韓国の運命が定まった。以後、韓国は日本に指導され保護を受ける国として生きてゆくことになったのである。その結果、明治三十八年十一月、「日韓保護条約」が成立、韓国の保護国化《ほごこくか》が確立して、伊藤博文《いとうひろぶみ》が韓国統監《とうかん》に就任《しゅうにん》した。

そのあと明治四十三年八月、小村が第二次桂《かつら》内閣の外務大臣の時に、「日韓《にっかん》併合《へいごう》」が行なわれた。日露戦争後《にちろせんそうご》、韓国をどの様《よう》に扱うかは日本の胸三寸《むねさんずん》(思う通りにできること)であった。方策は二つ、保護国とするかまたは併合《へいごう》するかである。どちらにしてもよかった。この時、元老《げんろう》の伊藤は併合に反対した。そこで保護国とすることになったが、伊藤は韓国統監として三年半つとめ、保護国として韓国を統治《とうち》するむづかしさを痛感《つうかん》した。韓国の皇帝や指導者は日本に対して種々の策謀《さくぼう》・陰謀《いんぼう》を企《くわだ》てて反抗《はんこう》した。伊藤はこれにあきれかえり、「併合は日露戦争後直《ただ》ちに断行《だんこう》しておくべきだった」と後悔《こうかい》し反省した。

日韓併合は日露戦争の必然《ひつぜん》の帰結《きけつ》である。一番の理想は韓国が覚醒《かくせい》して独立することであった。日本はそれを願望《がんぼう》して二十年、三十年と努力し支援したが、韓国人はついに目覚《めざ》めなかった。韓国の存亡《そんぼう》は日本の生死にかかわる。わが国としては韓国が他国の支配下におかれることを、何《なん》としても阻止《そし》しなければならない。それが日本の独立、生存にとっての根本条件である。それだからこそ日清《にっしん》・日露《にちろ》の二大戦争を行なったのである。韓国は紛争《ふんそう》の種《たね》を蒔《ま》き散《ち》らす禍源《かげん》でありわが国の独立と安全を脅《おびや》かし続けたから、どうしてもこの禍《わざわ》いの元を除去《じょきょ》するために、韓国を併合せざるを得なかったのである。日本の韓国併合は歴史的正当性を有しこれ以外に韓国の選択すべき道はなかったことを知らねばならない。

世界史を転換《てんかん》した歴史的偉業《いぎょう》

日露戦争の意義は限りなく大きい。この戦争の結果、わが国は旅順《りょじゅん》・大連《だいれん》と南満洲鉄道《みなみまんしゅうてつどう》を所有《しょゆう》した。それは日本が満洲に政治的、軍事的、経済的にきわめて強大な地位と勢力を確立したことを意味している。それはロシアの南下《なんか》と満洲支配を防止し、アメリカの満洲《まんしゅう》中立化・国際化すなわちアメリカの満洲支配の策謀《さくぼう》を阻止《そし》する上に重大な役割を果《はた》した。つまり欧米《おうべい》によるシナ分割《ぶんかつ》、東アジア支配を阻《はば》み、アジアの平和と安全を維持《いじ》する根本の力となったのである。欧米《おうべい》列強《れっきょう》の侵略から、アジアの平和と安全を守ることが近代日本の国是《こくぜ》であった。

もう一つは、日露戦争《にちろせんそう》が数世紀にわたる欧米中心の世界史を大きく転換《てんかん》したことである。日本がロシアに勝利して、今やもう一歩で完成せんとしていた欧米の非西洋民族に対する植民地支配をさえぎったことは、世界史を根底《こんてい》からひっくり返す驚天動地《きょうてんどうち》の出来事《できごと》であった。欧米人から見るならあらゆる点で劣等な人間以下の存在でしかなかった有色人種《ゆうしょくじんしゅ》の一員たる日本が、あろうことか欧米有数《ゆうすう》の強国ロシアを打ち破ったことは、全世界を震撼《しんかん》（心の底からふるえ上がること）させずにおかず、全ての有色民族と被抑圧《ひよくあつ》民族を驚嘆《きょうたん》、歓喜《かんき》せしめ、「白人不敗《はくじんふはい》の神話《しんわ》」を崩壊《ほうかい》させ、彼らのぬぐいがたい劣等感《れっとうかん》と奴隷的感情《どれいてきかんじょう》を一掃《いっそう》するのに決定的役割を果《はた》し、彼らに希望と勇気を与えた。

十五世紀末、コロンブスが西インド諸島を侵略しその原住民《げんじゅうみん》三百万人をほとんど全て虐殺《ぎゃくさつ》して以来、四百年間以上にわたる人種偏見《じんしゅへんけん》に基づく欧米の植民地《しょくみんち》支配《しはい》を打破《だは》し、やがて大東亜戦争《だいとうあせんそう》においてこれに止《とど》めを刺《さ》しついに人種平等の世界を実現する上に、最大の契機《けいき》となった日露戦争の果《はた》した歴史的偉業《れきしてきいぎょう》は、いくら強調してもしすぎることはない。この日露戦争の勝利に最大の貢献《こうけん》をした人物が、軍人では乃木希典《のぎまれすけ》と東郷平八郎《とうごうへいはちろう》、政治家では小村壽太郎《こむらじゅたろう》であったのである。

4、生涯《しょうがい》を貫いた誠《まこと》の心

アメリカの満洲《まんしゅう》への再干渉《さいかんしょう》の阻止《そし》

日露戦争《にちろせんそう》という民族の一大試練《いちだいしれん》を見事《みごと》に乗り切った桂内閣《かつらないかく》は明治三十九年一月、西園寺公望内閣《さいおんじきんもちないかく》と交代《こうたい》した。小村は外相《がいしょう》を辞《や》めて駐英大使《ちゅうえいたいし》を約二年つとめたあと、明治四十一年七月、第二次桂内閣の外相に再び就任《しゅうにん》した。今や誰《だれ》よりも抜きん出た小村の外交手腕《しゅわん》を高く評価しない者はなく、小村は唯一無二《ゆいいつむに》の名外相として万人《ばんにん》から仰《あお》がれた。第二次外相時代の功績《こうせき》も大きく、主として三つある。一つが既述《きじゅつ》した日韓併合《にっかんへいごう》、二つ目がアメリカの満洲《まんしゅう》への再干渉《さいかんしょう》・乗取《のっと》り工作《こうさく》の阻止《そし》、三つ目が条約改正の完成である。

アメリカは日露戦争の結果、陸軍海軍ともに世界一、二の強国として出現《しゅつげん》した日本に対して深刻《しんこく》な脅威《きょうい》を抱《いだ》き、以後日本を将来必ず戦うべき敵とみなすのである。劣等人種《れっとうじんしゅ》として軽蔑《けいべつ》する非西洋民族を全て植民地《しょくみんち》、属国《ぞっこく》として支配することを当然と考える欧米《おうべい》にとり、強国日本の登場《とうじょう》は全く想定外《そうていがい》のことであり決して認めることが出来《でき》ない悪夢《あくむ》であった。日露戦争の講和《こうわ》の仲介役《ちゅうかいやく》を務《つと》めたセオドア・ルーズベルト大統領の本心はどこにあったか。彼はこうのべている。

「もし日本が勝利を得《え》れば、それは必ずや我々との将来における闘争《とうそう》を意味することを私ははっきり認める」

「日本の陸海軍人が敵として畏《おそ》るべきものなることは最も明白《めいはく》に立証《りっしょう》された。世界を通じ彼らほど危険《きけん》なものはあり得ない」

有色人種《ゆうしょくじんしゅ》でただ一つの真《しん》の独立国日本の存在を許さないという考えの根本にあるのが、白人の人種偏見《じんしゅへんけん》である。日露戦争直後、アメリカで起こされたのが、日本人移民排斥《いみんはいせき》であった。この問題は結局解決されず大正十三年(一九二四)、排《はい》日移民法《にちいみんほう》が成立、日本人の移民は全面禁止となった。

一方、アメリカの満洲《まんしゅう》を支配せんとする策謀《さくぼう》はやむことがなかった。明治三十九年、奉天総領事《ほうてんそうりょうじ》となったハリマンの娘婿《むすめむこ》ストレートは、アメリカ資本による南満洲鉄道《みなみまんしゅうてつどう》と並行《へいこう》する鉄道の建設を企《くわだ》てた。わが国は日露講和条約《にちろこうわじょうやく》後、清《しん》と満洲に関する日清条約を結び、ロシアに奪われた満洲を清に取り返してやった。その時、南満洲鉄道に並行する鉄道の建設を禁止《きんし》する協定《きょうてい》を結んだ。しかしストレートは平然《へいぜん》とこれを踏《ふ》みにじった。日本の厳重抗議《げんじゅうこうぎ》でこの計画は挫折《ざせつ》した。しかしストレートの悪企《わるだく》みはやまなかった。

続いて明治四十二年、アメリカのノックス国務長官は突然、「満洲鉄道中立《ちゅうりつ》化《か》」を日本始めロシア、イギリスなどに提案した。それは満洲における一切の鉄道を日本やロシア、イギリスから取り上げて国際管理《こくさいかんり》のもとにおくというものである。アメリカの狙《ねら》いは「国際化《こくさいか》」「中立化《ちゅうりつか》」の名目《めいもく》のもとに、資本力のあるアメリカが満洲の全鉄道をわがものにすることである。つまりハリマンが失敗した南満洲鉄道買収工作の再演《さいえん》であった。日本から南満洲鉄道を奪い取ることにより、満洲《まんしゅう》における日本の強大な勢力を大きく削《けず》り取《と》り、満洲におけるアメリカの経済的優勢《けいざいてきゆうせい》を確立《かくりつ》し満洲をアメリカの勢力範囲《せいりょくはんい》、支配下におこうとする策謀《さくぼう》である。ノックスの提案に深くかかわったのが、このとき国務省極東部長のストレートである。

　アメリカの満洲支配の野心をむき出しにしたこの提案に対して、無論小村外相は拒絶《きょぜつ》した。東清鉄道《とうしんてつどう》を保有しているロシアも同様である。イギリスもこの現実無視の提案にあきれて相手にしなかった。アメリカという国はロシアに劣らず、このようなむちゃくちゃな無法を平然《へいぜん》と行なう全く自分勝手の強欲《ごうよく》のかたまりのような国であった。アメリカは日清間《にっしんかん》において結ばれている条約・協定を平気《へいき》でふみ破った。またアメリカの誘いに乗った清《しん》もそうであった。清は民族の故郷《こきょう》である満洲をロシアに占領され奪い取られても何一つ抵抗できなかった。満洲がロシアに併呑《へいどん》された時、事実上清は滅亡していた。その満洲を日本が取り戻《もど》してやったのに、清は日本にひとかけらの感謝も恩義《おんぎ》の心もなかったから、アメリカと結託《けったく》して条約・協定に違反《いはん》して、日本に対し恩《おん》を仇《あだ》で返したのである。

アメリカの満洲《まんしゅう》への再干渉《さいかんしょう》・乗取《のっと》り工作に対して、小村は再度にわたってこれを阻《はば》み挫折《ざせつ》させた。小村はアメリカの満洲支配の野望《やぼう》を誰よりも明確に見抜いていたから、骨のある筋《すじ》の通った毅然《きぜん》たる対米外交を行ないえた。明治以来今日まで唯我独善《ゆいがどくぜん》(自分勝手)の限りを尽《つく》した無法者《むほうもの》国家アメリカに、決して屈《くっ》しない独立国としてこれほど正々堂々たる外交を為《な》しえた政治家外交家は稀有《けう》であったのである。

条約改正の完成

小村外相の最後を飾《かざ》る業績《ぎょうせき》が条約改正である。条約改正こそ朝鮮問題とともに明治日本の二大外交課題であった。幕末時《ばくまつじ》、徳川幕府《とくがわばくふ》が欧米各国《おうべいかっこく》と結んだ修《しゅう》好通商条約《こうつうしょうじょうやく》は、関税自主権《かんぜいじしゅけん》がなく相手国に治外法権《ちがいほうけん》を認める不平等条約である。この条約を改正しないかぎり日本は独立国家としての実質《じっしつ》を欠《か》くことになるから、歴代《れきだい》政府は条約改正を悲願《ひがん》として努力を傾けた。明治二十七年、陸奥宗光《むつむねみつ》外相は治外法権の廃止に成功した（実施は明治三十二年から）。陸奥《むつ》は日清戦争時《にっしんせんそうじ》の外交を推進《すいしん》するとともに治外法権撤廃《てっぱい》に成功するという二つの大きな業績をもつ明治の代表的外交家であり、小村に次ぐ名外相《めいがいしょう》であった。

小村は就任後、不平等条約の完全改正を期して明治四十三年より各国と交渉を開始、翌年、関税自主権《かんぜいじしゅけん》の回復に成功、その他の規定も改正、ここに修好通商条約（以後通商航海条約《つうしょうこうかいじょうやく》とよばれる）は全く対等条約になった。

わが国はこの不平等条約の改正に五十年以上の年月を費《つい》やしたのである。朝鮮問題といい条約改正問題といい、明治の日本がいかに困難な環境《かんきょう》におかれていたかが思いやられる。わが国は不平等条約に苦しみながらも近代国家としての実力を着々《ちゃくちゃく》と養い、日清《にっしん》・日露《にちろ》の二大戦争に勝ち抜いた。欧米列強《おうべいれっきょう》は有色人種中《ゆうしょくじんしゅちゅう》ただ一つの例外である日本の実力を認めざるを得ず、対等条約の調印《ちょういん》に応《おう》じたのである。つまり日露戦争《にちろせんそう》の勝利が条約改正を成功させたのである。日露戦争の勝利を導く外交を推進《すいしん》した小村が、条約改正を完成させた外相であったことは偶《ぐう》然《ぜん》ではない。

再度の外相として重要課題を次々に解決した小村の手腕《しゅわん》は「天晴《あっぱれ》」の一言《ひとこと》につきる。明治の日本が世界的強国、一等国となり世界の歴史を大きく変える上に果《はた》した小村の外相としての働きはまことに比類《ひるい》なきものであった。

「明治の尊攘家《そんじょうか》」

明治四十四年八月、小村は前後七年余りつとめた外相《がいしょう》を辞任《じにん》した。日露戦争《にちろせんそう》をはさむ約十年の激務《げきむ》は小村の健康をそこない、同年十一月二十六日亡くなった。五十七歳(満五十六歳)だった。亡くなる直前、前首相《ぜんしゅしょう》の桂太郎《かつらたろう》が見舞《みまい》に訪《おとず》れた。小村はもう一言《ひとこと》も交《かわ》すことが出来《でき》なかった。桂《かつら》は病床《びょうしょう》ですすり泣いた。再度首相の重責《じゅうせき》を担《にな》い日露戦争の勝利を導いた桂は、近代日本の首相として最高の功績《こうせき》をあげたが、それはひとえに外相に小村という稀有《けう》の人物がそばで支《ささ》えてくれたからである。小村なしに桂はあり得なかった。明治天皇は小村をことのほか信任《しんにん》され、その外交手腕《がいこうしゅわん》に全幅《ぜんぷく》(あらんかぎり)の信頼を寄《よ》せられていたから、小村の死を深く哀悼《あいとう》された。

小村は当時の政治指導者の中で人格、品性《ひんせい》、学問、見識《けんしき》、胆力《たんりょく》、手腕《しゅわん》すべての点で傑出《けっしゅつ》していた。元老《げんろう》の伊藤、山県《やまがた》も桂太郎も小村とは全《まった》く比較にならず段違《だんちが》いであった。小村がいかなる精神、信念を持った政治家であったかを示すのが次の言葉である。

「自分の心は誠《まこと》の一字だ。もし万一にも私に採《と》るべきものがあるとしたならば、それはただ『誠』の一字に尽《つ》されると思う。すなわち学問に対しても同胞《どうほう》との交際においても将来を計《はか》るにも、いずれもこの『誠』の一貫《いっかん》(一つに貫くこと)を忘れぬ覚悟《かくご》でいる。これを小にしてはその身《み》一人の処世上《しょせいじょう》(世の中を渡ってゆくこと)につき、またこれを大にしては国家の見地《けんち》より見た政治または事業等いずれの方面においても『誠』の必要は何等変《なんらかわ》るところがないであろう。私の幼時《ようじ》、かつて慈愛《じあい》の祖母《そぼ》より熱心に訓《おし》えられたところのものは、実に多くこの趣旨《しゅし》(おもな考え）を出なかったのである。試《こころ》みに古来《こらい》の偉人傑士《いじんけっし》の伝記を繙《ひもと》いて光彩《こうさい》を放《はな》つ彼らが成功の跡《あと》を尋《たず》ねて見るに、一人《ひとり》としてこの切実《せつじつ》なる『誠《まこと》』の耀《かがや》いておらぬはないようである」

わが国において真《しん》に偉大な人物はみな誠の心・至誠《しせい》または真心《まごころ》を最も重んじた。楠木正成《くすのきまさしげ》、西郷隆盛《さいごうたかもり》、吉田松陰《よしだしょういん》、乃木希典《のぎまれすけ》、東郷平八郎《とうごうへいはちろう》、上杉鷹山《うえすぎようざん》、二宮《にのみや》尊徳《そんとく》らはその代表だが、小村もまたこれらに並ぶ人物として生涯《しょうがい》誠の心を貫いた。

また小村は身近《みぢか》な人たちによく「大和魂《やまとだましい》」という言葉を使った。日清戦争後《にっしんせんそうご》こうのべている。

「日本兵の勇気はこの大和魂があるからであります。戦いの勝利もこの魂のお蔭《かげ》であります。日本はこの魂を失ってはなりませぬ」

さらにこうのべる。

「日本の光は武士道根性《ぶしどうこんじょう》である」

小村は新渡戸稲造《にとべいなぞう》の書いた『武士道』を高く評価していた。誠の心に基《もと》づく烈々《れつれつ》たる（強くはげしいこと）武士道精神と大和魂の持主《もちぬし》、つまり明治のサムライが小村であった。

広く読書をした小村は、小泉八雲《こいずみやくも》の書く日本と日本人の心についての著作《ちょさく》を称賛《しょうさん》してやまず、「ヘルン（八雲）を読まぬ者は話し相手にならぬ」とまで言っている。

小村の根本精神《こんぽんせいしん》は言うまでもなく、尊皇愛国《そんのうあいこく》である。明治の人々にとりそれは全く自然の感情である。天皇、皇室を高く仰《あお》いで尊敬し忠誠《ちゅうせい》を尽《つく》すこと、それが日本国民としての根本であることは、明治のすべての人が寝てもさめても忘れなかったことである。小村はこう語っている。

「愛国心は忠君《ちゅうくん》（天皇陛下に忠義《ちゅうぎ》を尽すこと）の至情《しじょう》（この上なき心、感情）の外《ほか》に生《しょう》じ得《う》べき道はない」

日本人にとり天皇に忠義・忠誠を尽すことと国を愛して生きることは全く一つであった。

「国家に謝《しゃ》せよ（国家の恩恵《おんけい》に感謝せよ）。至尊《しそん》（天皇）に忠《ちゅう》を尽せよ」

「天皇陛下の御心《みこころ》は正《まさ》に民族永遠の理想の中心である。この中心を失えば大和《やまと》民族は根底において破壊される。欧米《おうべい》の歴史が日本と異《こと》なる点はここにある」

天皇を戴《いただ》く日本の国の根本のあり方（国体《こくたい》）についての小村の自覚と誇りは、明《めい》治維新《じいしん》の志士《しし》たちと全く同じであった。世界に比類《ひるい》なき日本の独立を永遠に維持《いじ》して、欧米の侵略を打《う》ち攘《はら》う「尊皇攘夷《そんのうじょうい》」の精神を堅持《けんじ》した明治の志士《しし》が小村であった。小村は自ら「明治の尊攘《そんじょう》（尊皇攘夷）家《か》」と公言《こうげん》していた。

国家と一体化した純忠至誠《じゅんちゅうしせい》の魂《たましい》――忠僕《ちゅうぼく》と息子の見た小村

晩年の十四年間、料理人兼秘書《ひしょ》としてつかえた宇野弥太郎《うのやたろう》は、小村についてこう語っている。

「侯爵《こうしゃく》（明治四十四年に授《さず》かる）につきましては真似《まね》のできぬことは沢山《たくさん》ありますが、ことに口数《くちかず》が少なくしかも要領《ようりょう》を得《え》ておられましたことと、ものを判断する場合に……可否《かひ》、許諾《きょだく》を即時《そくじ》に決められることであります。どのくらい頭がよくどのくらい腹のすわった方であったか知れません」

「私は始終《しじゅう》今でも思うのですが、眠っている間でも国家のことを思っておられたに相違《そうい》ありません。やれ某将軍《ぼうしょうぐん》が偉いとか、やれ某何爵《ぼうなにしゃく》(公爵《こうしゃく》・侯爵《こうしゃく》・伯爵《はくしゃく》・子爵《ししゃく》・男爵《だんしゃく》のこと)は国士《こくし》だのと申しますが、私をして言わせて下さるならば、私の主人は忠君愛国《ちゅうくんあいこく》の点において日本で一番偉い人の一人であることを信じます。真《しん》の国士とは全く侯爵のような方であるとは、私の常に思っていることでありま す」

「世間《せけん》の噂《うわさ》などは全然頭に響《ひび》きませんでした。ポーツマス会議から帰朝《きちょう》せられました時など、侯爵の周囲には非難者《ひなんしゃ》と攻撃者《こうげきしゃ》で満ちており、生命にさえ関《かん》する危険《きけん》もあったほどでした。それでも侯爵は平気《へいき》なものでこの四面楚歌《しめんそか》(まわりがみな敵であること)の声といったような境遇《きょうぐう》にいても全く平常《へいじょう》と違《ちが》った点は見えず、従来通《じゅうらいどお》り国事《こくじ》にばかり苦心《くしん》せられておりました。もし誉《ほ》めても誉め甲斐《がい》がなく毀《そし》っても毀り甲斐のない人物が真《しん》の英雄《えいゆう》でありますならば、侯爵はすなわちその人であろうと思います」

「侯爵《こうしゃく》の清廉《せいれん》（清らかで心が正しいこと）と淡白《たんぱく》（さっぱりして執着心《しゅうちゃくしん》がないこと）と無欲《むよく》とは有名なものであります。どんなものを贈《おく》られましても包み紙を開いて中《なか》身《み》をご覧《らん》になったことはありませんでした。もとよりどんなものを貰《もら》ってもお悦びになることはなかったのです。察《さっ》しまするに侯爵は華族《かぞく》（公爵《こうしゃく》・侯爵《こうしゃく》・伯爵《はくしゃく》・子爵《ししゃく》・男爵《だんしゃく》の位《くらい》を授《さず》けられる貴族《きぞく》）になられたいような人ではなく、侯爵の真意《しんい》はただ国家に尽《つ》くして死にたいというのであったのです」

「あのように国家以外のことは全然頭の中にはなかったに違いありませんが、あれで世間のことは一から十までご承知で、別《べっ》して下々《しもじも》のものに対する同情心《どうじょうしん》の濃《こ》まやかであったことは、今思い出しても涙が出るようであります。お金などもいればいくらでもお貸し下《くだ》さるのでした。勿論《もちろん》お返し致しましてもそれをお受けとりになることはありません。全《まった》く私どもを真実の身内《みうち》でもあるかのようにお思いになっておられました」

「今後幾年《いくねん》たちましても、あの気高《けだか》い仙客《せんかく》（鶴のこと）とでも申し上げたいようなお姿は私の眼前《がんぜん》を去らぬでしょう」

「もし国家のためにたおれるのは男子最上《だんしさいじょう》の光栄《こうえい》なりということが変《かわ》らざる真理であると致《いた》しますれば、侯爵《こうしゃく》はすなわちその人なのであります」

決してほめすぎではなく、小村の真面目《しんめんもく》を伝えている。小村の人格、気品《きひん》の高さを「気高い仙客《せんかく》」とたとえたことも的《まと》を射《い》ている。明治日本の躍進《やくしん》が近代世界史の奇蹟《きせき》であるとするならば、それをもたらす上に尽力《じんりょく》した大人物がいたはずである。政治外交上においてはその第一人者こそ小村であり、人格、見識《けんしき》、才《さい》幹《かん》、胆力《たんりょく》を兼備《けんび》する国家の棟梁《とうりょう》、柱石《ちゅうせき》こそ小村であったのである。

昭和三十六年に行なわれた小村の五十年祭において次男の捷治《しょうじ》が、「父の思い出」と題してこう語っている。

「外出する必要のない場合は、必ず二時間決まって椅子《いす》にかけて坐禅《ざぜん》のごとく瞑《めい》想《そう》したのでございます。私はある時うっかり父の書斎《しょさい》のドアを開《あ》けました。その時の父の形相《ぎょうそう》(表情)というのは全くすさまじいものでした。何を考えておったか知れませんが、今日《こんにち》から想像するに『外交は内交《ないこう》なり』という言葉をよく言っていたそうですから、どうしたら元老《げんろう》を説き伏《ふ》せられるかなどと考えておったのじゃないかと思います。あらゆる場合について将来の計《けい》をこうなればこうなるという因果関係《いんがかんけい》を実に細《こま》かく考えておったに違いない。一見《いっけん》その生活たるや昼間は禅僧《ぜんそう》のごとく、夜は大学教授か何かのようでありました。時世《じせい》も変りこういうことは今日の内閣の閣僚《かくりょう》には考えられないことだと思いますが、ああいう人の使い方をしただけでも桂《かつら》首相は名総理《めいそうり》であったのではないかと思います。申すならば内閣《ないかく》では別格待遇《べっかくたいぐう》、総軍師《そうぐんし》といった形……」

これも小村の面目《めんもく》をよく伝えている。小村ほど深く考え抜いた政治家はいなかった。小村は「厳《いか》めしくもの凄《すご》い形相《ぎょうそう》」で真《しん》に国を憂《うれ》え国を思った稀有《けう》の指導者であった。

文武《ぶんぶ》の名臣《めいしん》——乃木《のぎ》と小村

以上のべてきたように小村はすぐれた外交家というだけではなく、明治後半期を代表する第一の政治家であった。長らく外相の秘書官《ひしょかん》をつとめた本多熊太郎《ほんだくまたろう》はこうのべている。

「侯《こう》の本質は外交家というがごとき専門的ではなく、実に稀《まれ》に見るの一大経世家《いちだいけいせいか》(政治家の意味)であった。小村さんという方は、私は英雄《えいゆう》の資《し》(素質《そしつ》・天分《てんぶん》)をもって君子《くんし》(人格者)の品位《ひんい》を備《そな》えた人であると思っています。外務大臣になってからの十年間の小村さんは、もし晩年《ばんねん》の乃木将軍《のぎしょうぐん》が人格《じんかく》にあらずして神格《しんかく》を備えた方だといわれるならば、小村さんも寸分劣《すんぶんおと》らざる(少しも劣らない)程度《ていど》において、四十七歳にしてすでに神格になっておられたと信じます。明治末期の名臣《めいしん》に文《ぶん》に小村あり、武《ぶ》に乃木ありと称《しょう》せられておるが、少なくとも小村さんは本を読んで神格を作り上げた人ではない。持って生まれた魂とその修養《しゅうよう》と相俟《あいま》って(両方そろって)かくのごとくに至《いた》ったのであります」

小村の五年祭のとき、親友杉浦重剛《すぎうらしげたけ》はこう語った。

「何しろあれだけの男は今日《こんにち》あるまいね。自分は小村の葬儀《そうぎ》に列《れっ》して、ある人が『この葬送者《そうそうしゃ》を見よ。実に偉いもんじゃないか』と故人《こじん》を讃《ほ》めたのを聞いて、否《いな》とよ(そうではないよ)、自分は小村を総理大臣をやらさずに殺してしまったことが残念でたまらん、と言ったことがあったが、事実小村のごとき単なる外務大臣として偉大であったのみならず、一国の総理大臣として国家の大経綸《だいけいりん》（国を治める大きな方針・方策）を行なわせたら、今日のわが国家の基礎は今少し強固《きょうこ》さを加えていただろうと信じておる」

明治後半期、神のような気高《けだか》い精神をもった文武《ぶんぶ》を代表する名臣《めいしん》が乃木と小村であった。小村壽太郎《こむらじゅたろう》は昭和二十年の敗戦以後ほとんど忘れ去られてきたが、わが国史《こくし》に不滅《ふめつ》の名を刻《きざ》む近代日本の代表的政治家であったのである。

第三話　小村壽太郎――近代随一の政治家・外交家

参考文献

『小村外交史』外務省編　昭和28年
『魂の外交』本多熊太郎　千倉書房　昭和16年
『骨肉』小村捷治　鉱脈社　平成17年
『自然の人小村壽太郎』桝本卯平　大正３年
『小村壽太郎』信夫淳平　新潮社　昭和17年
『小村壽太郎』宿利重一　春秋社　昭和18年
『小村壽太郎』黒木勇吉　講談社　昭和43年
『小村寿太郎』岡田幹彦　展転社　平成17年
『日本外交史』（一〜九巻）鹿島守之助　鹿島研究所出版会　昭和45年
『満州問題と国防方針』角田順　原書房　昭和42年
『海上権力史論』マハン　北村謙一訳　原書房　昭和57年
『満州に於ける露国の利権外交史』ベ・ア・ロマーノフ　山下義雄訳　原書房　昭和48年
『日露戦争に投資した男』田畑則重　新潮新書　平成17年

『日露戦争が変えた世界史』平間洋一　芙蓉書房出版　平成17年
『杉浦重剛』猪狩史山　新潮社　昭和16年　ほか

日本《にっぽん》の偉人物語《いじんものがたり》　3
伊能忠敬《いのうただたか》　西郷隆盛《さいごうたかもり》　小村壽太郎《こむらじゅたろう》

初版発行　平成30年10月10日

著　　者　岡田幹彦
発 行 者　白水春人
発 行 所　株式会社 光明思想社
〒103-0004 東京都中央区東日本橋2-27-9　初音森ビル10F
TEL 03-5829-6581
FAX 03-5829-6582
URL http://komyoushisousha.co.jp/
郵便振替 00120-6-503028
装　　幀　久保和正
本文組版　メディア・コパン
印刷・製本　中央精版印刷株式会社

ISBN-978-4-904414-82-8

光明思想社の本

谷口雅春著
古事記と日本国の世界的使命
一七一四円（税別）
幻の名著「古事記講義」が甦る！ 今日まで封印されてきた黒布表紙版『生命の實相』第十六巻神道篇「日本国の世界的使命」第一章「古事記講義」が完全復活！

呉 善花著
なぜ「日本人がブランド価値」なのか
――世界の人々が日本に憧れる本当の理由――
一三五〇円（税別）
日本が〝世界の行き詰まり〟を救う！ 来日1年目の〝親日〟、2～3年目の〝反日〟、そこを超えて著者が見たものは、世界のどこにもなかった〝理想の大地〟だった！

加瀬英明
ケント・ギルバート
対談 **憲法を改正すれば日本はこんなに良くなる**
一二九六円（税別）
加瀬 東アジアがアナーキーな状態、無秩序な状態にある最大の原因は、日本国憲法です。
ケント 今の日本が平和だとしても、憲法のお蔭でなく、アメリカの〝核の傘〟に入っているから。

岡田幹彦著
日本の偉人物語❶
二宮尊徳 坂本龍馬 東郷平八郎
一二九六円（税別）
著者渾身の偉人伝全十巻
二宮尊徳―日本が誇る古今独歩の大聖／坂本龍馬―薩長同盟を実現させた「真の維新三傑」／東郷平八郎―全世界が尊敬する古今随一の海将

岡田幹彦著
日本の偉人物語❷
上杉鷹山 吉田松陰 嘉納治五郎
一二九六円（税別）
著者渾身の偉人伝全十巻
上杉鷹山――米沢藩を再興した江戸随一の藩主／吉田松陰――西洋列強に挑んだ日本救国の英雄／嘉納治五郎――柔道の創始者、偉大な教育家

定価は平成30年10月1日現在のものです。品切れの際はご容赦下さい。
小社ホームページ http://www.komyoushisousha.co.jp/